悩み・不安・怒りを小さくするレッスン

「認知行動療法」入門

中島美鈴

JN178778

光文社新書

悩み・不安・怒りを小さくするレッスン——目次

序章

複雑に悩むよりシンプルに考えよう

本書は、認知行動療法の考え方とその活《い》かし方について、できるだけ分かりやすく解説することを目指す本です。

近年、アメリカでもっともポピュラーな心理療法となっている影響を受け、日本でも認知行動療法がちょっとしたブームのようになっています。新聞や雑誌の記事、書籍、テレビなどでも取り上げられることが増えてきましたので、名前くらいは知っている、という方が多いのではないでしょうか。

しかし、その内容について正しく理解されている方は、まだまだ少ないように感じます。

認知行動療法が、ともすると分かりにくく感じられるのは、それが元々は認知療法と行動療法という別々の理論背景を持つ治療法の総称だからかも知れません。

たとえば、同じ「行動を変える」というときにも、認知療法的にアプローチする場合と行動療法的にアプローチする場合とで、少し意味合いが違ったりします。

しかし、それは決して難しくありません。認知療法にも行動療法にも「このポイントさえ押さえておけば、全体が分かりやすくなる」という大きな原理があります。

本書では、そのポイントを噛み砕いて説明することにより、認知行動療法について正しく理解していただけるように書いていきます。

また、心理療法の中には、幼少期の親との関係などについて掘り下げていくものもあり、成果を上げていますが、認知行動療法では、過去のトラウマや生育歴といったものに積極的には介入しません。より具体的で変化させやすい、今・ここの「認知」と「行動」に注目することにより、気分を改善させたり、悩みを解消に向かわせたりする、ということを基本的なアプローチとしています。そのため「リスクが低く、目に見える成果が出やすい」と言われているのも特徴の一つです。

本書では、身近な例をできるだけたくさん盛り込むことにより、認知行動療法を日常生活にどう役立てていけば良いかを親しみやすく解説していきましょう。

本書を特に読んでいただきたいのは、次のような方々です。

・ネガティブな考え方にとらわれ、くよくよと悩んでしまいやすい人
・自分に自信がなく、いつも他人の評価を気にしている人
・やめなければいけないと分かっている悪習慣がやめられない人
・不安や恐怖、怒りといった感情に振り回されやすい人

・すぐに気が散ってしまい、目の前のことに集中するのが苦手な人

また、認知行動療法（なかでも行動療法）の考え方は、本人の問題を解決するときだけでなく、人材の管理・育成、子育てなど、人を良い方向に導き、動かすことにも有効です。

本書は、そうした立場にある方々のお役にも立てるように書いていきます。

まず、ざっくりとした説明をしておきましょう。

認知行動療法の「認知」という部分が、そもそも分かりにくい、という方が多いかも知れませんね。

認知とは、本来は、人間が何かを見たり、聞いたり、読んだりすることで情報を入力し、それを認識したり、解釈したり、考えたり、計算したりする……脳に情報がインプットされてからアウトプットされるまでの内的な処理全体を指す言葉ですが、認知行動療法では、主に「物事の受け止め方」という意味で使われます。

身近な例で考えてみましょう。

知人にメールを送ったのに、返信がない、という場面を思い浮かべてみてください。

客観的な事実としては「メールを送ったけれど、今のところ返信がない」というだけのことですよね。相手が忙しくて返信できないのかも知れないし、返信する必要がないと判断したのかも知れません。いずれにしても、それ以上は考えても仕方がないことです。

ところが、この単純な事実が、本人の受け止め方によって、大きなストレスの原因になってしまうことがないでしょうか？

たとえば、「私は嫌われているのかな」などと思いはじめたり、「私は返信する価値がない人間だと思われているのかな」とまで考えてしまったりする。

こうした物事の受け止め方には、人それぞれのクセのようなものがあります。そのクセが肯定的、あるいは平均的なものである場合には問題ないのですが、なかには過剰にネガティブな受け止め方をしてしまう方もいらっしゃるかも知れません。

それが「認知の歪み」です。

心配性であったり、取り越し苦労が多かったり……。いつも、事実以上にストレスとなる受け止め方をしているとしたら、そこに認知の歪みがある、と認知行動療法では考えます。

元気なときなら、そんな受け止め方はしないけれど、疲れているときや他の（ショックを受けて当然の）出来事で落ち込んでいるときには、くよくよ考えてしまいやすい、という方も多いのではないでしょうか。認知の歪みは、心身が弱っているようなときに表面化しやすいのです。

そして、それが日常生活のさまざまな場面で顔を出し、つらい気持ち、悲しい気持ちを繰り返し発生させた結果、「もう何もしたくない」という状態に陥ってしまうこともあるかも知れません。

そうなってしまったときに（あるいは、そうならないために）どのように認知の歪みを修正していけば良いか、ということを考えていくのが、認知行動療法の（なかでも特に認知療法的な）アプローチです。

簡単なことのように書いていますが、認知の歪みを修正するのは、コツを知らなければ、容易なことではありません。認知の根底には、私たちが幼少期から知らず知らずのうちに培ってきた「信念」と呼ばれるものが横たわっているからです。

認知行動療法では、誰しもがその信念を抱えている状態で、それでも認知の歪みを修正するにはどうすれば良いかを研究し、うつ病の治療などにおいて実績を上げてきました。

本書の前半では、その方法をできるだけ平易な言葉でお伝えしていきましょう。

一方で、「頭の中でどう考えているか」という認知の問題ではなく、体がなぜかそう反応してしまう、自分でも良くないと分かっている行動パターンをやめられない、という場合もあるのではないでしょうか。

こうした問題を解決するのは、認知行動療法の中でも行動療法の得意分野です。

行動療法は「パブロフの犬」でよく知られる「条件反射」の発見にその原点を求めることができます。

私たちは、自分でも気づかないうちに、ある刺激と（本来無関係であるはずの）別の刺激を結びつけて学習してしまい、特定の条件下で特定の身体的反応を起こすようになっていることがよくあるのです。たとえば、人前でプレゼンテーションする機会を前にするたびに、体が極端に萎縮し、体調を崩してしまったりするケースがこれに当たります。

これは「古典的条件付け」と呼ばれる学習メカニズムで説明できる現象です。

古典的条件付けに対して「オペラント条件付け」と呼ばれる学習メカニズムで説明できる現象もあります。

たとえば、寂しさを感じたときに、過食することがやめられない、といった悪習慣がそうです。これは、特定の状況で特定の行動を取ることで、特定の報酬が得られるという仕組みを学習してしまったために起こると考えられます。

　こうした問題を抱えているとき、認知を変えるだけで問題を解決するのは困難です。認知療法でうつ病などを治すときとは、また違うアプローチが必要になります。

　行動療法では、無意識的な学習メカニズムが関係する問題などにどう対処すれば良いか、ということを研究し、特に不安障害や摂食障害などの分野で成果を上げてきました。

　本書の後半では、その原理を分かりやすく示した上で、行動療法のさまざまな技法や考え方を仕事や日常生活に役立てるポイントをお伝えしていきたいと思います。


　さらに、認知行動療法は、その考え方をベースとするさまざまな心理的技法も生み出してきました。

　怒りに振り回されないようにするための技術である「アンガーマネジメント」、雑念にとらわれず、目の前のことに集中する力を育むエクササイズである「マインドフルネス」などがそうです。前者はパワハラを防止するプログラムとして多くの企業に採用されていますし、後者はグーグル社が社員育成プログラムの一環として採用したことでも話題になりました。

　本書では、それら認知行動療法の応用的な技法についても紹介していきましょう。

私が本書を通じて、皆さんにお伝えしたいメッセージは、突き詰めて言えば、次のようなことかも知れません。

「複雑に悩むよりシンプルに考えましょう」

私たちは、問題を抱えているとき、その原因を追及することに神経をすり減らしてしまいがちです。私はなぜいつもこんな目に遭うんだろう？　どうして、こんなことを繰り返しているんだろう？　生い立ちのせい？　あの人が悪い、いや、やっぱり私が……。そんなふうに、考えても仕方がないことを頭の中でぐるぐると考え、さらに自分を追い詰めていく。

そういうときに「悩むのをやめましょう」と言われても、実行するのは難しいのではないでしょうか。悩むということもまた、自然な心の働きだからです。

では、どうすればいいのか？

悩んでもいいし、落ち込んでもいいと思います。ただし、問題解決に向けてシンプルに悩むようにしましょう。

必要以上に自分を苦しめている認知の歪みがあるとしたら、それをどのように修正していけば良いか、自分でも良くないと思っている行動パターンがあるとしたら、それをどうやめていけば良いか。そうした「認知と行動の変え方」を、科学的な根拠に基づいて具体的に教えてくれるのが、認知行動療法である、と言ってもいいかも知れません。

かくいう私自身が、かつては複雑に悩みやすい一人でした。その私がどのように認知行動療法と出会い、変わっていったのかということは、あとがきで書きたいと思います。

序章が長くなりましたが、最後に簡単な自己紹介をさせてください。

私は福岡県を中心に活動している臨床心理士です。カウンセラーや心理学の講師として、いくつかの職場を掛け持ちして働く傍《かたわ》ら、新聞でのコラム連載をはじめ、執筆・講演活動も行わせていただいています（私生活では四歳の息子を持つ母親でもあります）。

そんな私が、日々患者さんたちと向き合う中で確かに効果があると感じていること、また、私自身が実践し、役に立つと感じていることを本書では書いていきます。

この本を読んだ一人でも多くの方が「心が軽くなった」「悩みを解消するヒントを掴めた」と思っていただけたら幸いです。

では、第１章へとお進みください。まずは認知療法の考え方から学んでいきましょう。

第１章

認知が感情を生み出している
――アーロン・ベックの「認知モデル」

突然ですが、これまでの経験を思い出してみてください。

職場でも学校でも、子どもが通う学校の保護者会などでもかまいません。そこで何か仕事を任されたとします。自分なりに頑張って仕上げ、提出したつもりだったのに、受け取った相手から「ここところ、間違っていますよ」とミスを指摘されたり、「もっとこうしてもらえませんか」と改善を要求されたりしたとき、皆さんはどう反応されるでしょうか。少し傷ついたり、落ち込んだりされるでしょうか？

なかには「人からミスや問題を指摘されたのだから、傷ついて当然じゃないか」と思われる方もいらっしゃるかも知れません。そういう場合には、こう考えてみてください。

同じ経験をした人が１００人いるとして、そのうち何人が、自分と同じ受け止め方をするでしょうか？　１００人が全員、同じように傷ついたり、落ち込んだりするでしょうか？

このときに、自分とは正反対のタイプの人を具体的に思い浮かべても良いでしょう。

物事に動じない人、何でも前向きに捉える人、楽天的に受け流すことができる人……。身近にそういう人がいなければ、スポーツ選手や芸能人でもかまいません。野球の松井秀喜さんだったら、サッカーの本田圭佑さんだったら、どんな反応をするだろうか、と少し考えてみていただきたいのです。

私はこういうとき、失礼ながら、ある女性タレントを思い浮かべるようにしています。毒舌で、女王様キャラの彼女だったら、こんな反応をするかも知れません。

「は？　私のやり方に何か文句でもあるの？」

大人しい性格である私には、到底できない反応ですが……。

なぜこんなことを考えていただいたのかというと、次のようなことを皆さんにお伝えしたかったからです。

「同じ出来事を経験しても、自分とはまったく違う反応をする人もいる」

つまり、自分の受け止め方は唯一の選択肢ではない、ということです。

私たちは何か傷つく経験をしたときに、その出来事によって傷ついたかのように考えてしまいがちです。しかし、実際はそうではありません。出来事とそれによって発生する感情との間には、私たちの物事の受け止め方、捉え方が介在しています。

それが認知行動療法でいう「認知」です。

私たちは出来事によって傷つくのではなく、それをどう認知するかによって、傷ついたり、

× 出来事 ——→ 感情

○ 出来事 → 認知（受け止め方）→ 感情

落ち込んだりしている。そして、その受け止め方や物事の捉え方は、誰かから強制されているわけではありません。自分で選び取っているものです。

同じ「人からミスや問題を指摘される」という経験をしても、「ここと ここだけ直しておけばいいですね」と淡々と応じる人もいるでしょうし、「よし。もっと良いものに仕上げるチャンスをもらったぞ」と前向きに捉える人もいるでしょう。

「相手の指摘は、この点は正しいけれど、この点は私の方が正しいんじゃないかな」などと客観的に分析することもできるはずですし、あくまでも「私は間違っていない」と突っぱね、反論するという選択肢もないわけではありません。

傷つき、落ち込みやすい人は、数ある認知のバリエーションから、傷つき、落ち込むに至る受け止め方を自分で選んでしまっています。そして、そうした認知の在り方をいつも携えているために、必要以上に苦労されたり、つらい思いをされたりしている。そのために、病気になってしまうこともある……ということに、まず気づいていただきたいのです。

＊うつ病の原因にもなる「認知の歪み」

昨今、うつ病で休職された方々の復職を支援するフェアが各自治体で盛んに行われていますよね。私もそこでカウンセリングを担当させていただくことがあるのですが、そこでしばしば感じるのは、皆さんが「出来事のせいにしている」ということです。

もちろん、うつ病になるほどの方々ですから、皆さん、本当につらい経験をされていらっしゃいます。パワハラをする上司、無理難題を押しつけてくる取引先、毎日深夜まで及ぶ残業……。共感的に聴こうとしているこちらまでつらくなるほどの経験ですが、ふと思うことがあるのです。

「本人の受け止め方に問題はないのだろうか？」

もちろん、うつ病になった本人が悪い、と言いたいわけではありません。社員をそこまで追いやった職場にもおそらく問題はあるでしょう。

しかしながら、同じ職場で、同じ経験をしている人が全員うつ病になっているわけではありません。なかには、同じような経験をしながらも、毎日元気に出社して、休日には趣味も存分に楽しんでいる、という社員もいるのではないでしょうか。

もし本人の認知にも問題があるとするなら、それは少しずつ変えていっていただく必要があります。認知に問題がある限り、職場や環境が変わっても、また同じようにつらくなったり、落ち込んだ状態が続いたりして、うつ病に至ってしまうことが多いからです。

＊認知が変われば、感情が変わる

ここで少しだけ専門的な説明をさせてください。

出来事の受け止め方が感情に影響を与えることを最初に理論づけて説明し、うつ病の治療法を認知の観点から確立したのは、アメリカのペンシルバニア大学の精神医学者アーロン・ベック（Aaron Temkin Beck 1921－）でした。

ベックは、認知療法の生みの親であり、今日では認知行動療法を創始した一人とされている人物です。

ベックは、多くのうつ病患者たちを診察する中で、ある共通点を見出《みいだ》します。それは、彼らが非常に偏った、悲観的な物事の受け止め方をすることです。研究を続ける中で、ベックは、この認知を修正することで、うつ病が改善されることを確信していきました。

以下に示すのは「抑うつの認知モデル」と呼ばれているものです。ここでは、仕事で何かミスをして、上司から叱責を受けた場面を想定しながら話を進めていきましょう。

まず、図の左側にある「ストレッサー」という部分に注目してください。上司から叱責を受けるといった、悩みやストレスのきっかけとなる出来事がこれに当たります。

それに対して「俺は何をやってもダメだ」などと思ってしまう、瞬間的に浮かんでくる考えが「自動思考」です。

その人に特有の自動思考は「推論の誤り」によっても特徴付けられています。

これは、分かりやすい言葉で言えば「考え方のクセ」のようなものです。たとえば、一つのミスを指摘されただけなのに、仕事の能力や人格まで否定されたかのように思い込む「一般化のしすぎ」、自分とは関係ないことまで自分に原因があるかのように思い込む「自分への関連づけ」などがこれに当たります（推論の誤りには、いくつかの典型的なパターンがあると

■アーロン・ベックによる「抑うつの認知モデル」

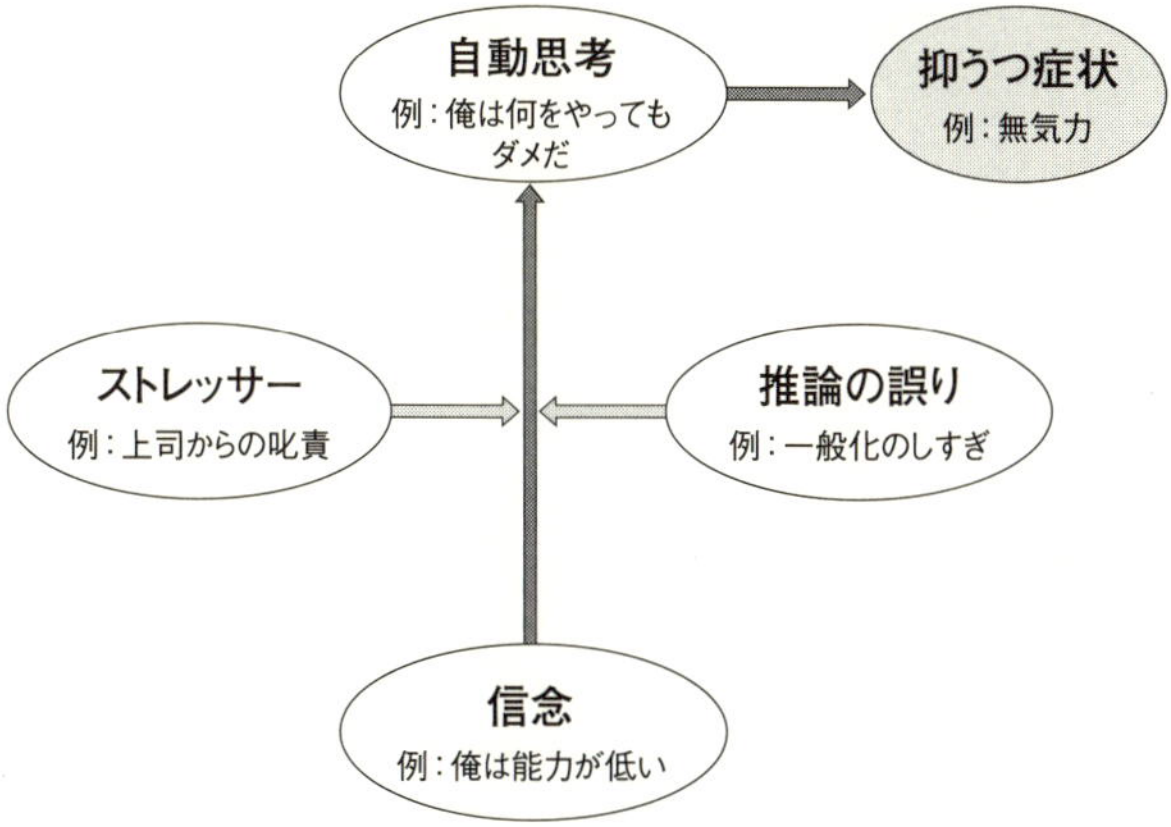

考えられています。その他のパターンについては第3章で紹介することにしましょう）。

自動思考を生み出す源には、より根本的な自己認識、世界観のようなものがあるとベックは考えました。それが「信念」です。より専門的には「スキーマ」とも呼ばれます。この例で言えば、「俺は能力が低い」という自分に関する思い込みがそうです。

＊信念とは何か

もう少し噛み砕いて説明しましょう。

信念というのは、言い換えれば、自分や他人、あるいは世の中といったものを解釈するときの基本的な枠組みです。自分はどんな人間か、他人とはどんなものか、世の中はどうなっているのか、自分はどのように生きていけば良いのか……。いずれも、とても難しい哲学的課題ですよね。それをいちいちゼロから考えなければならなかったら、毎日の生活をスムーズに送ることはできないでしょう。

それゆえに、私たちは知らず知らずのうちに信念を形成し、「大まかには、こう考えれば正しいはずだ」という枠組みに基づいて、自分や他人、世の中を解釈しようとするのです。

もう少し詳しく言うと、信念は大まかに「中核信念」と「媒介信念」に分けられます（この点はあまり厳密に考えてくださらなくても大丈夫ですが）。たとえば、

「自分は人よりも劣っている」
「自分には価値がない」
「自分は人から好かれない」
「他人は冷たいものだ」
「世の中は不公平なものだ」

といった、自分や他人、世の中についての根本的な思い込みが中核信念です。これは心の奥底に横たわっているもので、普段はなかなか意識されません。

それに対して、媒介信念はもう少し意識されやすいものです。たとえば、皆さんは、

「価値がある人間であるためには、完璧でなければならない」

「好かれるためには、人の機嫌を損ねてはならない」

「私に起こる人間関係の問題は、すべて私に原因がある」

「世の中は頑張っても報われないものだ」

といった、いつの間にか自分に課しているルール、あるいは信条のようなものをお持ちではないでしょうか。もしお持ちだとしたら、それが媒介信念です。

＊信念はこうして強化される

信念は、幼少期から思春期までの時期に、親をはじめとする身近な人との関係の中で身につけ、その後の人生経験によって強化されていくと考えられています。

厄介なのは、信念には「一度身につけると、その正しさを証明するような出来事に注目しやすくなる」という性質があることです。

たとえば、幼少期に「自分は人よりも劣っている」といった信念を身につけてしまった子

どもがいるとしましょう。その子どもが、学校生活の中で、たまたまみんなができることをできなかったり、先生から「できない子」であるかのように扱われたりすると、

「ほら、やっぱり。私は人よりも劣っているんだ」

というふうに、自分の思い込みの正しさを確認していく。信念はそうやって、大人になるまでの間に強化され、揺るぎないものになっていくのです。

それだけに、一度身につけてしまった信念を変えるのは容易なことではありません。それに比べれば、自動思考を変えることはやさしいとされています。


ちなみに、ここでは悲観的な信念ばかりを挙げましたが、もちろん、信念は悲観的なものであるとは限りません。なかには、

「私は人よりも優れている」

「私はみんなから愛される」

「完璧でなくても、だいたい何とかなる」

「頑張っていれば、必ず報われる」

といった肯定的・楽観的な信念をお持ちの方もいらっしゃるかも知れませんね。

また、信念にはもちろん程度の差もあり、強固に思い込んでいる場合もあれば、「疲れているときは、そういう考えに引きずられやすい」という程度である場合もあります。

そして、こうした信念、推論の誤り、それらの影響を受けて起こる自動思考というプロセス全体を表す言葉が「認知」であり、その結果として生じるのが「感情」です。

認知療法では、この認知を変えることにより、感情の改善を目指していきます。

＊「俺は人より劣っている」「私は人から好かれない」

信念と自動思考の関係について、具体的な例で説明しておきましょう。

たとえば、上司から叱責されて落ち込んだ人が、学生時代に親しかった先輩の結婚式に招待されたと想像してみてください。友人代表や後輩代表が次々にスピーチしていく中、自分はその役目を任されていない……。そういう場面で、

「俺はヘマをするから、任されなかったんだろうな」

という自動思考が起こってしまう。

さらに、その会場で旧友たちと会話しているとき、彼らが自分よりも出世していることを知ったとしましょう。その場面でまた、

「俺は社会に必要とされていない、落ちこぼれだ」

などと考えてしまう。

上司から叱責された場面、結婚式でスピーチを任されなかった場面、旧友たちの出世を知った場面、それぞれで瞬間的に浮かんでいる自動思考は異なりますが、そこに共通する特徴のようなものがあることにお気づきでしょうか。

「俺は人より劣っている、能力が低い人間だ」

という思い込みです。そして、そうした信念が根底にあるために、さまざまな出来事に対して、いちいちネガティブな自動思考が生じてしまっています。


メールの返信がないときに「私は嫌われているのかな」「返信する価値がない人間だと思われているのかな」と考えてしまう人の例でも考えてみましょう。

そういう受け止め方をする人が、初対面の人が集まる研修のような場に参加し、その終了後に参加者同士が連絡先を交換しているのを目撃したとします。でも、自分には誰も連絡先

を聞いてくれなかった……。そういう場面で、

「私はつまらない人間だから、誰にも興味を持たれなかったんだろう」

といった自動思考が起こってしまう。

また別の場面で、知り合った当初は親しく話しかけてくれていた職場の同僚とだんだん疎遠になっていき、最近では挨拶程度しか交わさなくなっているとします。そこでまた、

「付き合いが長くなると、みんな私の本性が分かって離れていくんだ」

などと考えてしまう。

場面が変わっても、大まかには共通した枠組みに基づいて考えていることが分かるでしょうか。この方が持っているのは、おそらく「私は人から好かれない」という信念です。

＊色メガネをかけて世界を見ている

こうした悲観的な信念を持っている方のお話は、第三者の立場で冷静に聞いていると、大げさだったり、飛躍していたりするように感じられることがよくあります。

「たったそれだけの情報から、そこまで言える？」

「その出来事から、どうしてそう思われていると判断したんだろう?」といった印象を受けることがよくあるのです。

たとえば、上司から叱責を受けたのは、仕事上のミスについてであって、仕事をする能力全体、さらには人格についてまで否定されたわけではないでしょう。「ミスは誰だってするさ。今回はそのミスについて指摘されただけだ。次回から頑張ろう」といった受け止め方もできるはずです。

先輩の結婚式でスピーチを任されなかった場面にしても、その理由が「ヘマをするから」というのは、客観的には考えにくいことでしょう。むしろ、選ばれた人たちが、先輩と特別に親しかったり、スピーチに向いていたりするのではないでしょうか。

そもそも、結婚式に招待されたこと自体が、先輩から悪い印象を持たれていない証拠とも考えられますよね。

研修終了後に参加者同士で連絡先を交換していた場面にしても、全員が全員と交換していたわけではないでしょう。たまたま席が近かった人同士で交換していただけかも知れません。だいいち、自分だって他の参加者に連絡先を聞いていないのです。それは相手が「つまらない人間だから」ではないでしょう。「初対面なのに連絡先を聞いたら、馴れ馴れしいと思われるかな」など、いろいろな配慮があったと思います。

もちろん、これらも推測に過ぎませんが、「いろいろな可能性がある」ということに考えを及ぼして、受け止め方のバランスを取っていける、ということが大切です。

悲観的な信念を強固に持っている方は、それができず、非常に一面的な受け止め方に凝り固まってしまっています。しかも、それがいつも事実以上に自分を苦しめる方に偏っている、というのが「認知の歪み」がある状態です。

そういう状態にあるとき、ほとんどの人はそのことを自覚できていません。自分が大げさだったり、飛躍した受け止め方をしているとは思わず、経験した出来事によって傷ついたのだと思い込んでしまっています。

この状態は「色メガネをかけて世界を見ている状態」に喩《たと》えられるかも知れません。色メガネをかけて世界を見れば、無色透明なものにも色がついてしまいます。そのことを考慮しなければ、本当はどんな色なのかという「客観的事実」には近づけないのです。

自分がどんな信念を持っているかを自覚するのは「自分がどんな色メガネをかけて世界を

見ているかを知ること」と言えるでしょう。

前述の通り、信念を変えるのは容易なことではありませんが、その内容を自覚できているだけでも大きく違います。「自分が今こんな受け止め方をしているのは、こういう信念を持っているからかも知れないな」というふうに、自分の認知を客観視できるようになるからです。

皆さんも、冷静なときに、さまざまな場面で自分にどんな自動思考が起こっているかを思い出し、書き出してみてください。そこに共通する自己認識、世界観のようなものがないでしょうか？

もしあるとしたら、それが、皆さんが心の奥底に持っているかも知れない信念です。

信念は誰しもが持っているもの、持っていなければならないものですが、それがあまりにも悲観的な方に偏っていると、日常生活のあらゆる場面でネガティブな自動思考が起こり、必要以上に傷ついたり、落ち込んだり……。生きるのがとてもつらくなってしまいます。

そうした認知の歪みを修正することにより、抑うつ症状に陥りにくくして、もっと楽に生きられるようにしましょう、というのが、ベックの認知療法の根幹にある考え方です。

第１章　認知が感情を生み出している
――アーロン・ベックの「認知モデル」

第１章では、認知療法の原点とも言えるアーロン・ベックの「抑うつの認知モデル」を紹介しながら、信念とは何か、信念と自動思考はどういう関係にあるのか、といったことをお伝えしました。

次章では、信念の内容を把握する方法や、信念が認知だけでなく、自分の取りやすい行動やその結果起こりやすい出来事にも影響を与えていることを説明していきましょう。

第2章

信念に動かされないために
――「下向き矢印法」と「行動分析」

自分がどんな信念を持っているのかを把握する方法には、いくつか種類があります。前章の後半で示したように、いろいろな場面でどんな自動思考が起こったかを書き出していき、そこに共通するテーマを見つけ出す（カウンセリングでは、治療者とクライエントが対話しながら、それを一緒に考えていきます）というのも一つの方法ですし、巻末に掲載したようなチェックリストを用いるのも代表的な方法です。

さらに「下向き矢印法」と呼ばれる方法もあります。これは特に自分で自分の心の問題を解消しようとするセルフ・カウンセリングの場面で有効ですので、皆さんもぜひ覚えておいてください。

下向き矢印法に取り組む場面としては、何かを漠然と不安に思ったり、恐れたりして、ソワソワしているようなときが良いでしょう。その不安や恐怖にとらわれている自分に対して、冷静で理知的なもう一人の自分がいると思って「それが事実だとしたら、どういうことになるのか？」という問いを繰り返し、不安や恐怖の源泉を突き詰めていくのです。

前章で挙げた例をもう少し浅いところから考えてみましょう。

メールの返信をもらえないときに、

■下向き矢印法1

【出来事】メールの返信をもらえない

Aさんの機嫌を損ねてしまったかも知れない

↓「それが事実だとしたら、どういうことになるのか?」

私はAさんから嫌われてしまうだろう

↓「それが事実だとしたら、どういうことになるのか?」

私はAさんに好かれないということだ

↓「それが事実だとしたら、どういうことになるのか?」

AさんにもBさんにもCさんにも私は好かれない

↓「それが事実だとしたら、どういうことになるのか?」

私は人から好かれない

「相手（仮にAさんとします）の機嫌を損ねてしまったかも知れない」と不安に思いはじめたとします。

このときに「それが事実だとしたら、どういうことになるのか？」という自問自答を繰り返していくと、上図のように分析できていくのではないでしょうか。

研修終了後に誰からも連絡先を聞かれなかった場面でも試してみましょう（左図）。

糸から吊した錘《おもり》がまっすぐ地球の中心に向かうように、下向き矢印法による自問自答を繰り返していくと、その答え

■下向き矢印法2

【出来事】研修終了後に誰からも連絡先を聞かれなかった

私は誰からも興味を持たれなかったのだろう

↓「それが事実だとしたら、どういうことになるのか?」

私はつまらない人間だと思われたのだろう

↓「それが事実だとしたら、どういうことになるのか?」

この先もずっと、私は人から興味を持たれないだろう

↓「それが事実だとしたら、どういうことになるのか?」

私は人から好かれない

は自分の中核信念へと向かっていきます。

さらに、その過程で媒介信念にも気づくことができるかも知れません。この例では「人に好かれるためには、機嫌を損ねてはならない」「人に好かれるためには、面白い人間でなければならない」といった媒介信念を持っている可能性がうかがえます。

しかし、ここまでの説明を読んで「ちょっと待ってほしい」と思われた読者もいらっしゃるのではないでしょうか。

「私は本当にいつも人から嫌われているんです。思い込みなんかじゃありません」

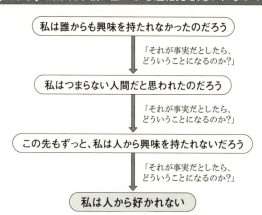

もちろん、実際にそうである可能性を否定することはできません（私がカウンセリングを行う際にも、どこまでが事実と言えることなのか、どこからが本人の認知の問題なのかを慎重に分けています）。

しかし、本人には客観的事実のように思えることが、じつは似たような過去の出来事を寄せ集めて考えている結果であったり、自分でそうなるように仕向けていたりする場合もあるのです。

この現象は、それぞれ「気分一致効果」「自己達成予言」と呼ばれています。

＊「気分一致効果」と「自己達成予言」

人はある気分に陥っているとき、その気分と一致するような記憶を再生しやすい、ということが、心理学の研究（より正確には記憶研究）により知られています。

たとえば、メールを送ったのに返信がないときに、

「以前にもこんなことがあった。そういえば、あのときも、あのときも……」

というふうに、過去の返信をもらえなかった経験、誰かから無視されて傷ついた経験など

を次々に思い出してしまうことがないでしょうか?

これが「気分一致効果」です。

何かストレスの原因となるような出来事があったときに(それが本当は10回に1回もないような出来事であるにもかかわらず)、似たような過去の出来事を自ら寄せ集め、偏った情報に基づいて、あたかも「いつもそう」であるかのように思い込んでいくのです。

普段はそうした判断をすぐに修正できる人でも、疲れていたり、嫌な出来事が重なっていたりすると、しばらく引きずられてしまうことがあるのではないでしょうか。

また、こんなこともあると思います。

本当は数える程度しかない返信がもらえなかった経験を「いつもそう」であるかのように思い込んでいるために、そのストレスを避けようとして、「返信はいらないからね」といった言葉を書き添えたり、あたかも返信を求めていないかのような文面にして送ったりしている。だから、相手も「返信はいらないのかな」と判断して送らない。自分でそういう結果になるように仕向けたにもかかわらず、

「やっぱり私は嫌われているんだ」

と思ってしまう。

そういう誘導を行いやすい人は、次のようなことも行っているかも知れません。

たとえば、「私はAさんに嫌われているのかな」と思いはじめたとしましょう。会ったときに無視されたり、嫌われているとはっきり分かる態度を取られたりするのは怖いので、Aさんと会うのを何となく避けたり、自分からは誘わなくなったり、会っても積極的に笑えなくなったりする。

相手もその態度を受け取って、「あまり親しくはしたくない人なのかな」などと考え、距離を取るようになり、だんだんと挨拶しかしない、疎遠な関係になっていく……。


こうした現象は、社会心理学で「自己達成予言」と呼ばれています。

私たちは、自分や他人、世の中といったものに対する思い込みに基づいて行動することにより、その思い込みが事実になるように仕向けている場合があるのです。

自己達成予言は、アメリカの心理学者ウィリアム・I・トーマス（William Isaac Thomas 1863－1947）によって原型となる概念が示され、アメリカの社会学者ロバート・キング・マートン（Robert King Merton 1910－2003）により理論化、命名されました。

＊本当は何を望んでいるのか

自己達成予言は、日常生活にありふれた現象でありながら、私たちの人生に大きな影響を及ぼしています。

たとえば、「俺はいつも出来の悪い部下を持たされ、苦労させられている」という上司を思い浮かべてみてください。

その上司は「俺の部下は出来が悪い」と思い込んでいるので、部下の力に頼ろうとせず、できるだけ自分で仕事を処理しようとするでしょう。もし部下が失敗すれば、それを待ち構えていたかのように、手厚いフォローもするかも知れません。

良く言えば、責任感が強い、頼れる上司ですが、この状況を部下の立場から考えてみてください。自分は上司から信頼されていないと分かっているので、積極的に仕事をしようとはせず、失敗してもフォローしてもらえると分かっているので、失敗もしやすいのではないでしょうか。

結果として「いつも出来の悪い部下を持たされ、苦労させられている」ということが、単なる上司の思い込みではなく、事実になっていくわけです。

また、「うちの家族は私がいなければ何もしない。夫は家事ができないし、子どもは私が服を脱がせてあげなければ、お風呂にも入らない」と不満に思っている母親がいるとしましょう。

その母親は「夫は家事ができない」と思い込んでいるので、夫が「たまにはカレーでもつくってみるか」などと考えて台所に立っても、

「カレーのつくり方は知ってる？　材料は？　タマネギは先に炒めるの分かってる？」

などとあれこれ口出ししたり、手伝ったりしたくなるかも知れません。そんなことをされては、やりたかったこともやりたくなくなりますよね。

子どもは母親から「お風呂に入りなさい！」と言われても、無視していれば、そのうちママが来て、服を脱がせてくれると分かっているので、それを待つようになるでしょう。

そうした母親自身の行動により「うちの家族は私がいなければ何もしない」ということが、単なる思い込みではなく、事実になっていくのです。

少し先回りして言えば、こうした望ましくない思い込みの達成を回避するには、自分が

「本当は何を望んでいるのか」を突き詰めて考える習慣を持つことが大切です。

本当は「部下に積極的に仕事をしてほしい」と望んでいるのであれば、部下一人一人の特性を把握して、積極的に仕事をしたくなるような仕事の振り方、言葉のかけ方などを工夫する必要があるでしょうし、本当は「夫に家事を手伝ってほしい。子どもには穏やかに一度言うだけでお風呂に入るようになってほしい」と望んでいるのであれば、家族がそう動きたくなるような工夫が必要になるでしょう。

たとえば、子どもに「一度穏やかに言うだけでお風呂に入ってくれたときには、その後、好きなテレビ番組を見ることができる。もし、一度で言うことを聞かなかったときには、好きなテレビ番組も見られないし、それ以上ママから呼びかけてももらえない」といった仕組みを学習させる、といった方法が考えられます。

言うことを聞かなかったときに罰を与えるのではなく、一度で言うことを聞いてくれたときに報酬が待っているようにする。テレビを見る時間を日ごろから制限するなど、その報酬が際立つ環境をつくっておく、という考え方です（これは「オペラント条件付け」と呼ばれる学習メカニズムに基づく方法で、第６章を読むことで、より詳しくご理解いただけると思います）。

逆に言えば、私たちは、自分が「本当は何を望んでいるのか」を突き詰めて考え、「その内容を実現させるにはどうすれば良いか」という判断に基づいて行動していないと、知らず知らずのうちに、望ましくない思い込みの内容を達成に向かわせてしまいやすいのです。

＊パワハラを招きやすい行動パターン

自己達成予言には、認知の根底にある信念が関わっている場合もよくあります。再び「俺は能力が低い」という信念を持っている人の例で考えてみましょう。

そういう人が上司から叱責を受けて、「俺は何をやってもダメだ」という自動思考が起こってしまったとき、次にどんな行動を取りやすいと考えられるでしょうか？

仮に、まったく逆の「俺は能力が高い」という信念を持っている人であれば、「上司のおかげで改善点が分かったぞ」「上司は俺に期待しているからこそ、叱ってくれたんだろう」などと受け止めて、もっと良い仕事をしようと奮起するところかも知れませんね。

しかし、悲観的な信念を持っていると、「どうせ何をやってもダメだ」という思い込みが根底にあるので、叱責を受けた点を改善したり、上司を見返してやろうと努力したりするのではなく、その場を謝ってやり過ごす、上司の言いなりになる、といった行動を選択しやすいのではないでしょうか。

良くないことですが、パワハラをする素因がある上司にとって、そういう部下は格好のターゲットになるでしょう。叱責しても右から左に受け流す部下や、毅然《きぜん》とした態度で反論してくるかも知れない部下よりも、自分の言いなりになる部下の方がきついことを言いやすいからです。

その結果、さらに叱責を受けやすくなる――→「やっぱり何をやってもダメだ」と考える――→ますますビクビクした態度を取るようになる……という悪循環に陥っていくことが予想されます。

「俺は能力が低い」という信念が、叱責されやすい行動パターンを選択させ、結果的に、自らの信念の正しさを証明するかのような出来事を次々に招いているケースです。

＊　私たちは何と戦っているのか

ここで皆さんに考えてみていただきたいことがあります。

悲観的な信念は、私たちの物事の受け止め方である認知を歪ませ、行動にも影響を与え、その結果、望ましくない出来事を起こりやすくもします。

だとすれば、問題を抱えて悩んだり、苦しんだりしているとき、私たちはいったい何と戦っているのでしょうか？

もちろん、目の前の現実や身に起こる出来事との戦いでもありますが、時としてそれ以上に、私たちは「自分の信念と戦っている」場合があるのではないでしょうか。

そのことに思い至ったとき、こう考えたくなる方もいらっしゃるかも知れません。

「こんな信念を身につけてしまったのは、どうしてだ？　誰のせいだ？」

しかし、その原因や犯人が分かったところで、今、抱えている問題を解決することには（少なくとも、すぐには）つながらないことが多いのではないでしょうか。

場合によっては、さらに苦悩を増やす結果になってしまうかも知れません。生い立ちに原因があると分かったところで、過去に戻って、自分がいた環境や身近にいた人たちを変えることはできないからです。

そこで、認知行動療法ではこう考えます。

「過去は変えられない。しかし、今、自分が選択している認知と行動なら変えられる」

私たちは、自分が身につけてしまった悲観的な信念に動かされそうになるかも知れません。しかし、それに従う必要はないのです。


そのためにも「自分がどんな信念を持っているのか」を把握して、「本当は何を望んでいるのか」を突き詰めて考えるようにすることが大切ですが、それに加えて、認知行動療法では、自分の認知と行動を客観視できるようにするための「行動分析」を重視します。

＊陥っている問題を「外在化」する

前述のような悪循環に陥っているとき、ほとんどの人は、自分が置かれている状況を理解できていません。自分と状況とが一体化してしまっているので、状況を俯瞰《ふかん》的に眺めることができないのです。

その状況（あるいは抱えている問題）を自分から切り離し、客観的に見られるようにすることを「外在化する」と言います。

外在化にもいろいろな手法があるのですが、認知行動療法でよく行われるのは、以下のように「出来事」──→「認知」──→「行動」を並べてみる分析法です。

【出来事1】仕事でミスをして、上司から叱責を受ける。
↓
【認　知1】「俺は何をやってもダメだ」と考える。
↓
【行　動1】謝ってやり過ごす。上司の言いなりになる。
↓
【出来事2】言いやすいために、また上司から叱責を受ける。
↓
【認　知2】「俺はやっぱりダメな人間だ」と考える。
↓
【行　動2】ますますビクビクした態度になる。

こんなふうに、まるで他人事《ひとごと》であるかのように状況を客観的に眺められるようにすると、「自分のどの認知と行動に問題がありそうか」ということが見えやすくなりますよね。

その上で、認知行動療法では、

「この認知をこう変えることはできないだろうか？」

「この行動をこう変えたら、次に起こる出来事はどうなるだろうか？」

といったことを考えて実践し、その結果起こる出来事の変化を体験していきます。

過去のトラウマや生育歴まで遡って考えるのではなく、今、この場面で修正できる認知と行動を変えることにより、目の前にある問題の具体的な解決を目指していくのです。

一つの基準として、ある出来事による悩みや落ち込みは3週間以内に解消されると考えられています。それ以上、悩みや落ち込みが続くときには、自分が信念による悪循環に陥っているのかも知れないと考え、こうした分析を行ってみると良いでしょう。

誤解のないように書き添えておくと、ここで挙げた例でお伝えしたいのは、本人の認知や行動にだけ問題があって、上司には何の落ち度もない、ということではありません。

人間関係の問題は、どちらか一方ではなく、双方に原因があって起こるものだと思います。このケースで言えば、言いやすい相手だからといって、攻撃を集中させる上司にも、もちろん問題があるのです。

しかし、それがどの程度の問題なのかを把握するためにも「自分の認知と行動に変えられる点はないか」ということを分析してみる必要があります。それをしてみて、やはり上司の方により大きな問題があると考えられる場合には、さらに上の上司に相談するなり、転職を検討するなり、何らかの対策を講じることもできるでしょう。

自分で改善できることは改善する。できないことは事実として受け止め、それにどう対処すれば良いかを考えていく。

認知行動療法では、そうやって、複雑な悩みをシンプルなものに変えていきます。

第2章では、信念を把握する方法として「下向き矢印法」を紹介し、また、不幸な自己達成予言に陥らないためにも、自分が「本当は何を望んでいるのか」を突き詰めて考えること、問題を外在化するための手法として「行動分析」を行ってみると良いことなどについて説明しました。

次章からはいよいよ解決編です。自分の認知と行動をどのように修正していけば良いか、認知行動療法の（なかでも認知療法的な）アプローチを学んでいきましょう。

第3章

考え方のクセを修正する

——典型的な「推論の誤り」

第1章でお伝えした通り、認知の歪みの中で比較的修正しやすいのは、表面的なものである自動思考です。しかしながら、自動思考は場面ごとに起こる思考ですので、それをどう修正すれば良いかという対策も千差万別になってしまい、一般化が容易ではありません。

そこで認知行動療法では、自動思考を特徴付けている「推論の誤り」をベースとする修正法がよく試みられます。

改めて説明すれば、推論の誤りは「考え方のクセ」のようなものです。

信念が、心の奥底にあって、認知全体に影響を与えるものだとするなら、推論の誤りは、自動思考が現れるときのパターンのようなもの、と言ってもいいかも知れません。それは類型化が可能で、誰でもそのうちの一つか二つを持っていると言われています。

次ページの表を見てください。

この中で、皆さんが当てはまりそうなものはいくつあるでしょうか？

それを考える上で注意していただきたいのは、推論の誤りは、心身ともに元気なときには現れにくい、ということです。しかし、とても疲れているときや、嫌な出来事が重なって余

■典型的な推論の誤り

一般化のしすぎ	1つか2つの失敗や嫌な出来事だけを根拠に「いつも～だ」「すべて～ない」のように一事が万事式に考える。
自分への関連づけ	良くないことが起こったとき、自分の関係ないことまで自分に原因があるかのように考える。
根拠がない推論	はっきりとした根拠がないまま結論を急ぎ、否定的にあれこれ考える。
感情による決めつけ	客観的事実ではなく、自分はどう考えているかを手がかりにして、状況を判断する。
全か無か思考	白か黒かをはっきりさせないと気が済まない。YESかNOか、善か悪か、敵か味方かなど、極端な判断をする。
すべき思考	「～すべきだ」「～しなければならない」といった言葉で表現される考え方に固執する。
過大評価と過小評価	自分の短所や失敗を実際よりも過大に考え、長所や成功を過小に考える。逆に、他人の長所や成功を過大評価し、短所や失敗を見逃すことも。

裕がなくなっているときのことを思い出してみてください。知らず知らずのうちに、こうした考え方のクセにとらわれていることがないでしょうか？

私も夕方、仕事を終えて帰宅し、バタバタしながら、保育園帰りで機嫌の悪い息子をあやしつつ、夕食の準備をするときには、考え方のクセのオンパレードです。そして、眉間にしわが寄り、日頃からは考えられないほど極端な自動思考に陥ってしまっています。

典型的な推論の誤りについて、一つずつより詳しく説明していきましょう。

＊一般化のしすぎ

これは言い換えれば、「部分を全体に広げてしまうクセ」です。

たとえば、提出した書類について、上司から一つのミスを指摘されただけなのに、書類全体を否定されたかのように受け止めたり、その書類だけでなく、仕事の能力や人格まで否定されたかのように考えたりするクセがこれに当たります。

また、第１章で挙げた例のように、一つの出来事から「俺は何をやってもダメだ」と考えてしまうのも「一般化のしすぎ」です。

人間関係においては、ある一人との関係が悪化しただけなのに、みんなから嫌われたように考えたり、その一つの出来事から「いつもそうだ」「この先もずっとそうだろう」などと考えたりするのも、部分を全体に広げてしまうクセだと言えるでしょう。

こうした推論の誤りは、事実以上に落ち込む場面を増やしてしまいます。

＊ 自分への関連づけ

これについては、次のような場面を思い浮かべていただくと分かりやすくなるでしょう。

朝、職場で親しい先輩とすれ違って挨拶をしたとき、相手の表情がいつもより硬かったり、冷たい態度を取られたように感じたりしたとします。一応、挨拶を返してくれてはいるのですが、何となくそっけないのです。

そんなときに、こう考えてしまうことはないでしょうか？

「私、何かしたっけ？」

これが「自分への関連づけ」という推論の誤りです。

相手の表情がいつもより硬かったのは、苦手な会議を控えてナーバスになっていたからかも知れないし、冷たい態度を取られたように感じたのは、相手が他のことに気を取られていたからかも知れません。そうした自分以外の要因には目を向けず、

「昨日、私が言ったあの言葉、笑顔で受け止めてくれていたけど、本当は腹を立てていたに違いない」

「私の過去について良くない情報が伝わって、警戒されるようになったんだ」

などと、あくまでも自分を中心として、相手の側にある理由を読み解こうとしてしまう。

こうした考え方のクセは、次の「根拠がない推論」にも通じています。

＊根拠がない推論

メールを送ったのに返信がない、相手から何となく冷たい態度を取られた気がする……といった、すぐには理由が分からない、それでいて感情が刺激される出来事は「認知の歪みをあぶり出す試験紙のようなもの」と言えると思います。

こうした場面で、私たちがとらわれやすいのは「根拠がない推論」という考え方のクセです。

ここで、第2章の下向き矢印法を説明する中で行った分析を思い出していただいても良いでしょう。メールの返信がない、という単純な出来事から「相手の機嫌を損ねたのかも知れない」「私は嫌われてしまうだろう」などと考えはじめ、最終的には「私は人から好かれない」という極端な結論に辿り着く。

この推論には「何一つはっきりした根拠がない」という特徴があることにお気づきでしょうか。

そもそも、相手から無視されたように感じていること自体が思い過ごしかも知れません。今は忙しくて返信できないだけかも知れないし、返信する必要がないと判断したかも知れないのです。相手が何らかの意図をもって返信しないのだとしても、その理由は相手に確かめてみなければ分からないことでしょう。

にもかかわらず、きっと機嫌を損ねたんだ、嫌われたんだ……と思い込みを深めていく。

そういう思考に陥っているとき、私たちはそれなりの根拠があって、そう考えているように思っているものですが、じつは「自分の信念の正しさ」が証明されるように勝手なストーリーをつくっているだけ、という場合がよくあります。

前の項目で挙げた、先輩からそっけない態度を取られたのは「私が昨日、失礼なことを言ったから」というのも同様です。強固なものではないとしても、「私は人から好かれない」という信念があり、その正しさを証明するストーリーをつくろうとしているのかも知れません。

こうした「根拠がない推論」は「感情による決めつけ」によって、さらに強化されます。

＊感情による決めつけ

たとえば、不安になっているときに、

「こんなに不安なのだから、良くないことが起こるに違いない」

「私が不安になっているのは、相手から嫌われているからだ」

といった判断をしてしまうことがないでしょうか？　判断をする材料が足りないときに、客観的な事実ではなく、自分の感情や気分を拠り所にしようとする。これが「感情による決めつけ」です。

こうした考え方のクセは、認知の歪みを大きくする原因にもなります。

というのも、悲観的な信念をお持ちの方は、元々、ネガティブな自動思考により、不安感や焦燥感、つらい気持ち、悲しい気持ちなどが発生しやすくなっています。その感情を材料として、さらに根拠がない推論を進めるので、認知の歪みが助長されやすいのです。

また、少し違う例で言えば、

「私がこんなにイライラしているのだから、相手は悪い人だ」

「私が毎日こんなにつらい思いをしているのだから、ここはひどい職場だ」

といった考え方も「感情による決めつけ」に当たります。

こうした根拠のない推論は、文章にしてみると、馬鹿げているように思われるかも知れません。しかし、それを頭の中で何となく考えているときには、そのおかしさに気づかず、感情による決めつけに基づく行動を取ってしまうことがよくあるのです。

＊全か無か思考

これは、ここまでに説明してきたものとは少し系統の違う推論の誤りであると言えるかも知れません。ごく簡単に言えば、好きか嫌いか、味方か敵か、善か悪か、成功か失敗かで物事を考え、白黒をはっきりさせようとする傾向……それが「全か無か思考」です。

この考え方のクセは完全主義にも通じているところがあります。たとえば、

「100点でなければ、0点でも同じだ」
「1位になれないなら、チャレンジする意味はない」
「一流企業に入れないのなら就職しない」
といった高すぎる目標を掲げ、その目標に達しない限り、価値は認めない、という考え方です。

こうした考え方のクセは、人間関係の軋轢《あつれき》を生じさせたり、完全を求めるあまり、かえって活動的ではない状態に陥らせたりするだけでなく、抑うつ症状も招きやすくします。

というのも、仕事のやり方について、少し改善点を指摘されただけなのに「要するにダメってことか」と考えてしまったり、相手から少し冷たい態度を取られただけなのに「要するに嫌いってことね」と受け止めたりして、事実以上に落ち込む場面を増やすからです。

また、客観的に見れば、上手くいっていることもたくさんあるのに、自分の完全主義に見合わないために、それらには目を向けず、「何をやってもダメ」「何もかも上手くいかない」などと考えて落ち込んでしまうこともあるでしょう。

＊すべき思考

完全主義に通じる推論の誤りとしては「すべき思考」も挙げられると思います。これはたとえば、

「やるべきことを途中で投げ出してはならない」
「何事も完璧を目指すべきだ」
「子どもは親の言いつけを守るべきだ」

など「〜すべき」「〜しなければならない」といった言葉で表現される考え方のクセです。

いずれも、道徳的には正しいことですが、それにあまりにもこだわっている人を想像してみると、どこか窮屈な、生きづらそうな印象も受けるのではないでしょうか。

こうした「すべき思考」が問題なのは、一つには、自分がその「正しさ」を達成できないときに、不甲斐なさを感じたり、自分を責めたりして、抑うつ症状を招きやすいからです。

たとえば、「やるべきことを途中で投げ出してはならない」と考えている人でも、自力でやり通すことが困難な場合もあるでしょう。そういうときには、早めにＳＯＳを出して、他

人の力を借りた方が上手くいく場合もありますが、それを拒んで、何とか自分でやり遂げようとし、結局は体を壊して、途中で投げ出さざるを得なくなってしまう。そうなったときに、「俺はなんてダメな人間だ」

と自分を責め、深く落ち込んでしまう。

また、「何事も完璧を目指すべきだ」といった考えが強すぎるために、自分に過剰なプレッシャーをかけてしまうこともあるでしょう。

たとえば、ちょっとしたスピーチでも「絶対に成功させなければ」と自分で自分を追い詰めてしまう。その結果、必要以上に緊張して、能力を十分に発揮できず、その失敗をまた自分で責めて……という悪循環に陥りやすいと考えられます。

さらに、その「すべき思考」を他人に向けてしまうと、周囲の人は窮屈さを感じるでしょうし、本人も周囲の人たちに対してイライラする場面が増えるでしょう。

＊過大評価と過小評価

これは言い換えれば、自分で自分を評価するときと他人を評価するときとで基準が違う

「二重ものさし」を持っている状態です。なかでも、うつ病になりやすい方は、他人には甘く、自分には厳しい基準を適用する傾向があると言われています。たとえば、長年続けている習い事の先生から、次のような言葉をかけられた場面を想像してみてください。

「あなたはよく頑張っていますね。まだまだミスは多いし、未熟ではあるけれど、これからの成長が楽しみです」

基本的には褒め言葉であるこの言葉に対して「過大評価と過小評価」という考え方のクセをお持ちの方は、こんな受け止め方をしてしまいます。

「私はミスが多く、未熟だと思われていたんだ……。頑張っているとは言ってくれたけど、他に褒めるところがないからだろう」

わざわざ自分が否定されている内容になるように、欠点を指摘している部分に注目したり、言葉の裏を読もうとしたりするのです。

一方で、同じ言葉が他人に向けられているときには、こんな受け止め方をするかも知れません。

「先生はあの人の頑張りを認めて、期待しているんだ」

このように、他人の成功や長所は過大に評価し、失敗や短所を見逃す。一方で、自分の成功や長所は過小評価し、失敗や短所は実際よりも過大に考える。これが「過大評価と過小評価」という推論の誤りです。

こうした考え方のクセは、傷つかなくていい場面で傷ついたり、喜んでいい場面で喜べなかったりして、感情をネガティブな方へ傾きやすくします。

＊推論の誤りを自覚する意義

ここまで、典型的な推論の誤りを一つずつ説明してきましたが、改めて、皆さんはいかがだったでしょうか。当てはまるものがいくつかあったでしょうか？

こうした推論の誤りを自覚しておくことには、次のような意味があります。

・自動思考から距離を取りやすくなる。
・そのクセに応じた修正の方法を考えやすくなる。

たとえば、「私が今こう考えているのは『一般化のしすぎ』だな」とか「また『すべき思考』が出てきて、悪さをしている」とか、それを考えているのが、あたかも自分ではない誰かのように思うことができたら、それだけでも少し、自分の考え方から距離を取りやすくなりますよね。その上で、

「確か『一般化のしすぎ』には、こんな修正法があったな」

「あの方法で『すべき思考』を修正してみよう」

などと考えることができれば、認知の歪みをより修正しやすくなります。

では、それぞれの修正法を紹介していきましょう（ちなみに、本書で紹介する技法は、基本的には認知行動療法で一般的に用いられているものですが、ここで紹介する技法に関しては、アーロン・ベックから認知療法を学んだデヴィッド・D・バーンズというアメリカの心理療法家の考え方を参考に、私がアレンジしたものであることをお断りしておきます）。

＊一滴のインク技法――「一般化のしすぎ」の修正法

部分を全体に広げてしまう「一般化のしすぎ」という考え方のクセをお持ちの方は、その

逆のことをしよう、と心がけていると上手くいきます。つまり、広げすぎた否定エリアを本来の「部分」にまで縮小させようとする習慣を持っていただきたいのです。

たとえば、上司から一つのミスを指摘されただけなのに、仕事の能力や人格まで否定されたかのように考えている自分に気づいたら、まず、

「違う、違う。それは『一般化のしすぎ』だ。否定されたのは、書類の一部じゃないか」

と自分に言い聞かせてください。今、問題を指摘されたのは、仕事の能力全体ではないし、ましてや自分という人間そのものでもありません。提出した書類全体についてでもなく、あくまでも、その中の一つのミスに過ぎないのです。

そのことに気づいたら、指摘された部分については真摯に受け止め、それをどう改善すれば良いかを考えることに集中しましょう。

「一般化のしすぎ」という考え方のクセをお持ちの方は、ともすると、否定された部分にきちんと向き合おうとせず、「否定された」「傷つけられた」という抽象的な事実とだけ向き合っているために、かえって気分の落ち込みを大きくしている場合が少なくありません。

否定された部分についてはしっかりと受け止めることが、事実以上に落ち込むのを防ぎ、思考を問題解決に向かわせやすくします。

また、こんなイメージを持っていただくのも良いかも知れません。

一滴のインクがプールに落ちたところを想像してみてください。それによって、あたかもプール全体が汚染されたかのように考えているのが、一般化しすぎている状態です。プールはもっと大きなものだし、そこに落ちたのは一滴のインクに過ぎません。

思考のフォーカスを変えて、全体の大きさを眺め、それから部分に焦点化していく。その両方をきちんと行おうとすることが、「一般化のしすぎ」を修正する上で大切です。

＊理由分析グラフ――「自分への関連づけ」の修正法

何でも自分に原因があるかのように考えてしまう「自分への関連づけ」というクセをお持ちの方は、頭の中に円グラフを置いて考える習慣を持つと良いでしょう。何が理由なのか特定できない出来事に遭遇したときに、「それが他人事だとしたら」と客観的に考えて、どんな理由が何パーセントくらいを占めていそうかを円グラフでイメージしてみるのです。

たとえば、朝、職場の先輩に挨拶したときにそっけない反応を返されたのは、先輩が仕事のことでナーバスになっていたからかも知れません。そうした「仕事に関する理由」を仮に

30％としておきましょう。

私生活上で何かトラブルがあって、落ち込んだり、気が立っていたりしたから、という「私生活に関する理由」も10％くらいはあるかも知れません。また、睡眠不足だったり、頭が痛かったり、という「体調に関する理由」も10％は見ておきたいところです。

もちろん、先輩に対して自分が何かしたから、という理由も現状では否定できません。それを仮に25％としておきましょう。自分について良くない情報が伝わったから、というのはどうでしょうか？　その可能性は低そうですが、５％はあるかも知れません。

さらに、どの理由にも当てはまらない「その他」も20％は見ておきましょう。

ずいぶん適当な分析のように思われるかも知れませんが、ここで大切なのは、分析の正確さではありません。「自分に関する理由」が１００％を占める円グラフを描いていた自分のおかしさに気づき、他の理由にも目を向けてみようとすることです。その結果、

「私のせいだけじゃないかも」

と思うことができれば、それだけでも気分が少し楽になり、問題解決に向けて一歩を踏み出しやすくなります。

その上で、次の「証拠集め技法」も試みるとベターでしょう。

＊証拠集め技法――「根拠がない推論」「感情による決めつけ」の修正法

曖昧な状況に置かれているとき、私たちが自らの信念の正しさを証明するようなストーリーをつくってしまうのは、推論する材料が足りないからです。たとえば、メールの返信がないとき、相手が自分以外の人にも返信をしていないことが分かったら、「今は忙しいのかな」といった方向に推論を進めやすくなりますよね。

したがって「根拠がない推論」を修正する方法として有効なのは、推論の材料となる証拠を集めることです。

たとえば、朝、先輩に挨拶したときに、そっけない反応をされた理由が本当に自分にあるのかを検証するには、先輩が他の人と挨拶するときの態度を観察してみると良いでしょう（対象を観察することによって証拠を集めようとする方法を「観察法」と言います）。

また、自分が積極的に動いて証拠を集める、というのも一つの方法です。たとえば、会社のエレベーターで一緒になったときなどに、

「先輩、すみません。今朝、挨拶したとき、何となく表情が硬いように感じてしまったんで

すが、私の気のせいでしたか？」

などと直接聞いてみるのはどうでしょうか。

「あら、そうだった？　自分でも気づかなかった。ちょっと考え事をしていたから」

といった答えが返ってくるかも知れません。

直接聞くことが難しい場合には、先輩に「お疲れさま」の一言を添えて、お茶を淹《い》れる、といった行動で確かめてみるのも良いと思います。

いつもと変わらない笑顔で「ありがとう」と返してくれて、嫌われたと感じていたのは思い過ごしだった、と気づけるかも知れません（このように、自らの行動で相手の反応を確かめることにより、証拠を集めようとする方法を「実験法」と言います）。

もちろん、嫌われたということが思い過ごしであるとは限りません。推論の材料となる証拠を集めてみた結果、本当に相手の機嫌を損ね、嫌われていた、ということが明らかになる場合もあるでしょう。そのときには、こう考えるようにしてください。

「問題がはっきりした分、前進できた。次はこの問題にどう対処するかを考えよう」

嫌われたことが事実であるとするなら、その事実は自分が知ろうと知るまいと変わりません。それならば、少しでも早く知った方が、傷が浅いうちに対処しやすくなるでしょう。

嫌われた事実を受け止めるのはつらいものですが、一度受け止めてしまえば、相手との関係をどう改善するか、あるいは、嫌われても良い（それで世界が終わるわけではない）と開き直るか、ともかく、次の行動を考えやすくなります。

その方が、嫌われたのかな、そうじゃないのかな、何がいけなかったんだろう、どうして私はいつも……と頭の中でぐるぐる考えているだけの状態よりずっと良いはずです。

「感情による決めつけ」の修正法も基本的には同じですが、特に感情が昂《たか》ぶっているときには、それをクールダウンさせるプロセスを大切にしてください。

まずは感情を発生させている現場から離れて深呼吸し、コーヒーでもゆっくりと飲んでから考えるようにしましょう。証拠集めをするのは、それからでも遅くありません。

＊グレーゾーン技法――「全か無か思考」の修正法

オール・オア・ナッシングで物事を考える、完全主義にも通じる考え方のクセをお持ちの方は、白でも黒でもない「グレーゾーン」を意識するように心がけてみましょう。

たとえば、入社以来、順風満帆で来ていたビジネスマンが、人事異動で苦手な仕事を担当するようになり、失敗が続いて、叱責を受けることも多くなったとします。さらに、後輩が自分より重要な仕事を任されていると知り……。そんなときに、こう考えてしまう。

「俺はもうダメだ。これまでの評価はすべて消し飛んでしまった。俺のような役立たずは、会社にいない方が良いだろう」

第三者の目で見れば、彼が極端なことを考えているのは容易に分かると思います。しかし、感情が刺激されているときには、誰しもこうした考えにとらわれやすいものです。

現実的に考えれば、会社にとって彼は「いない方が良い役立たず」ではないし、これまでの評価がすべて消し飛んでしまった、などということもないでしょう。一方で、何の失点もなかったこれまでに比べれば、「彼にも苦手なことはあるのだな」という程度に評価は下がったかも知れません。

つまり、会社にとって、彼の評価は100点でも0点でもない、その中間にある、というのが妥当な見方だと思います。

そして、それは彼だけではありません。すべての社員の評価がそうでしょう。上手くいっているときには自分の評価を100点だと思い、上手くいかなくなると0点だと思うのは、「全か無か思考」という推論の誤りによって、そう思い込んでいるだけなのです。

人の評価に限らず、プロジェクトの成功・失敗といった物事の成否でも、人間関係における好き嫌いでも、あらゆる事象は、全でも無でもない、白でも黒でもない、グレーゾーンに位置しているものだと思います。

そのグレーゾーンの中のどのあたりか、といった考え方ができるようになると、極端に高揚したり、極端に落ち込んだりすることが少なくなり、生きるのが楽になるでしょう。

＊ must → better 技法——「すべき思考」の修正法

自分が信じる正しさに固執する「すべき思考」の修正法は、とても単純です。信条を表現する言葉のうち「〜すべき」「〜しなければならない」という部分をゆるやかな表現に変える。それだけで、自分や他人に与えるプレッシャーが小さくなります。

実際にやってみましょう。

「やるべきことを途中で投げ出してはならない」
←
「やるべきことを途中で投げ出さない方が良い」

「何事も完璧を目指すべきだ」
←
「何事も完璧を目指す方が良い」

英語で言えば、mustであった表現をbetterに変えただけですが、かなり印象がやわらかくなったように感じられるのではないでしょうか。

また、例外となるのはどんな場合かを考えて、その言葉も付け加えると、さらにプレッシャーは小さくなると思います（例外探し）。

「やるべきことを途中で投げ出さない方が良い。しかし、それが難しい場合には、早めにSOSを出して、他人に頼った方が良いこともある」

「すべき思考」で考えている内容は、多くの場合、正しいことなので、内容まで変える必要はありません。あくまでも、表現をゆるやかにするだけです。それを自分に言い聞かせるように繰り返し、また、その通りに実行してみる（例：自力でやり通すことが難しい場合に、他人に頼ってみる）ことで、「すべき思考」に苦しめられることは減っていくと思います。

＊「もう一人の自分」技法——「過大評価と過小評価」の修正法

他人に対しては甘い基準を適用する一方で、自分のことは厳しく評価する「二重ものさし」をお持ちの方は「もう一人の自分」技法に取り組んでみてください。

これはアメリカでは「鏡のワーク」という言葉でしばしば紹介されています（その名の通り、自分を鏡に映して行うのですが、日本人の場合、面と向き合ってしまうと気恥ずかしさを感じる人が多いので、横並びの関係で想像する方が良いでしょう）。

自分とまったく同じ悩みを抱え、同じように落ち込んでいる大切な友人が、あなたの隣に座っていると想像してみてください。その友人に対して、あなたはどんな言葉をかけてあげたいですか？

習い事の先生から言われた言葉をネガティブに受け止めすぎている例で言えば、こんなふうに慰めてあげたくなるかも知れません。

「あの先生は人を褒めるときに小言を挟むクセがあるけれど、『よく頑張っている』『これからの成長が楽しみ』とも言ってくれたんだよね。それなら、もっと喜んでいいんじゃない？」

その言葉こそ、今あなたが求めている言葉であるはずです。

自分がどんなふうに褒めてほしいか、本当はどんなふうに慰めてほしいかは、自分自身がいちばんよく知っているものではないでしょうか。ところが、悲観的な信念と「過大評価と過小評価」という考え方のクセをお持ちの方は、それがなかなかできません。たとえ、人から褒められても「自分は人よりも劣っている」といった信念に合うような言葉に変換しようとしてしまいます。

そういう方でも、傷つき、落ち込んでいるのが大切な友人だと思えば、いつもよりも客観的で温かい言葉をかけてあげやすいのではないでしょうか。

そのために「もう一人の自分」技法を行ってみていただきたいと思います。

やや駆け足になりましたが、第3章では、自動思考が現れるときのパターンとも言える、典型的な推論の誤りについて説明し、その修正法もお伝えしました。ネガティブな思い込みにとらわれているときに、ぜひ思い出して活用してみてください。

第4章

行動を変えれば世界が変わる

——「行動実験」という方法

認知行動療法（なかでも認知療法的なアプローチ）では、出来事が感情を生み出しているのではなく、出来事の受け止め方である認知が感情を生み出していると考え、その認知を変えることにより、つらい気持ち、悲しい気持ちなどが繰り返し発生する状況を改善していこうとします。

前章では、認知の変え方の一つとして、典型的な「推論の誤り」をベースとする修正法をお伝えしましたが、本章では「行動実験」と呼ばれる方法について説明していきましょう。

＊論より証拠——実際に行動してみて確かめる

行動実験とは、ごく簡単に言えば、自分の認知（考えや思い込み）が本当に正しいのかどうか、実際の場面で行動してみて確かめることです。

たとえば、「人に好かれるためには、迷惑をかけてはならない」という思い込みを持っているために、いつも不都合を感じていたり、他人に遠慮しすぎていたりする人がいるとしましょう（仮にAさんとして、物語風に説明していきます）。

しかし、普通に生きていれば、その思い込みが必ずしも正しくないことは何となく分かってきます。もちろん、人に迷惑ばかりかけていたり、迷惑をかけておいてまったく悪びれるところがなかったりすれば、嫌われる原因になりますが、世の中には、時々周囲に迷惑をかけながらも、みんなから愛されている人がいるものです。

Aさんも、そういう人を見ているうちに、自分の認知に疑問を持つようになりました。「私は『人に好かれるためには、迷惑をかけてはならない』という考えにとらわれているけれど、それは正しいのだろうか」と。

そして、いつもとは少し行動パターンを変えてみることで、その疑問を確かめてみることにしました。

相手として選んだのは、学生時代からの友人であるBさんです。彼女（彼）とは、近々、買い物に行く約束をしていたのですが、目的地であるデパートはBさんにとっては自宅から行きやすい場所、しかし、Aさんにとっては電車を二回乗り換えなければならない、行きにくい場所でした。しかも、約束の当日、Aさんは入院中の家族を見舞ってから現地へ向かわなければならないため、さらに遠回りになってしまいます。

それでも、普段のAさんであれば、こう考えていました。

「私にとって都合の良い場所に変更したら、今度はBさんにとって都合の悪い場所になってしまう。それなら私が我慢しよう。人に迷惑をかけてはならない」

しかし、そうした自分の思い込みに疑問を持つようになっていたAさんは、思い切って、Bさんにこんな提案をしてみることにしました。

「今度の買い物なんだけど、もしよかったら、場所を○○駅の近くに変更させてもらってもいい？　午前中に入院中の家族のお見舞いに行きたいから、そっちの方が好都合なんだよね」

よほど自己中心的な人でない限り、こうしたお願いで不機嫌になったりはしないでしょう。Bさんも、今までになかったAさんの都合による申し出を珍しいとは思ったものの、笑顔でOKしてくれました。

「もちろん良いよ。そんな事情があるなら、もっと早く言ってくれれば良かったのに」

この経験によって自信をつけたAさんは、その後も時々、相手と内容を慎重に選びながらも「これは少し迷惑になるかな」と思うお願い事を他人にしてみるようになりました。

たまには断られることもありましたが、それによってAさんが嫌われることはほとんどありません。むしろ、自分の都合や気持ちを率直に打ち明けたことで、相手との関係がより深まったようにAさんは感じました。

そして、自らが持っていた認知を次のように修正することができたのです。

「基本的には人に迷惑をかけてはならない。しかし、いつも自分の都合や気持ちを押し殺し、相手の都合や気持ちを優先させる必要はない。時には少しくらい迷惑がかかっても、率直に自己主張する方が、相手との関係は深まりやすいものだ」

このように、頭の中で「ああだろうか、こうだろうか」と考えているのではなく、実際に行動してみる（行動パターンを変えてみる）ことにより、自分の認知が正しいのかどうかを検証し、その結果に合わせて認知を修正していく……というのが行動実験の基本的な考え方です。

もう一つ例を挙げながら、行動実験の手順と注意点を説明していきましょう。

＊ 実験のターゲットとなる思い込みを決める

行動実験は、その名の通り「実験」ですから、何となく始めて、何となくやめる、ということはしないようにしてください（中途半端な行動実験は、かえって認知の歪みを悪化させる場合があります）。科学の実験であればそうするように、何を検証しようとしているのかを明らかにして、しっかりと計画を立て、十分な結果が得られるまで続けることが大切です。

より具体的には、行動実験は次のような手順で行います。

手順1　思い込みを書き出す。
手順2　その思い込みが正しいのか確かめる実験を計画する。
手順3　実験を実行する。
手順4　実験結果から思い込みを検証し、必要があれば、現実に合わせて修正する。

たとえば、メールを送ったのに返信がない、相手から何となく冷たい態度を取られた気がする……といった曖昧な状況に置かれているときに、いつも「私に何か原因があって、嫌われたのだろう」といった方向に推論を進めてしまう人がいるとしましょう。

その認知の歪みを修正しようと思い立った場合、どのような行動実験を行うことが有効でしょうか？

それを考えるときに、まず重視していただきたいのは「認知のどの部分をターゲットにするか」ということです。

下向き矢印法などによって、その認知の根底に「私は人から好かれない」という信念があると分かったとしても、いきなり、その中核信念を行動実験のターゲットにするのはおすすめできません。

第一に、それは根本的・抽象的すぎるテーマであり、検証することが困難だからです。たとえば、「私は人から好かれない」という信念が正しいのかどうかを検証するために、好きな人に告白をしてOKをもらい、付き合い始めたものの、一年で破局してしまった場合、実験の結果をどう捉えればよいのでしょうか。「私は人から好かれない」という思い込みは正しかったことになるのでしょうか？

このように、中核信念を行動実験のターゲットとして設定すると、それをどう検証して、結果をどう解釈すれば良いのかが分かりにくくなってしまいます。

また、中核信念は、幼少期の経験によって身につけ、その後の人生経験の中で強化されているものなので、それを修正すること自体が困難です（できないことではないのですが、いきなりそこからアプローチしようとするのは得策ではありません）。

それよりも、意識の表層に近いところにある思い込みをターゲットとする方が、行動実験は上手くいきやすいでしょう。このケースで言えば、

「私は相手の些細な態度の変化から、すぐに『嫌われた』と思ってしまうけれど、その思い込みは正しいだろうか？」

ということをテーマとするのはどうでしょうか。「些細な態度の変化＝嫌われた」という図式が成立しているかを確かめれば良いので、実験の方法を考えやすく、また、場面が限定されているので、どんなときに実験を行えば良いのかも見えやすいと思います。

そうしたターゲットとなる思い込みを決めて、ノートなどに書き出す、というのが「手順1」です。

＊いつもとは行動パターンを変えてみる

次は、実験の方法を考えましょう。

このときに注意していただきたいのは「できるだけリスクの低い方法を選ぶこと」です。

たとえば、相手から本当に嫌われたのかを確かめるために、「なぜ返信をくれないの？」「そっけない態度を取られた気がするけど、私のこと嫌いになった？」などと直接的な言葉で質問攻めにしたら、相手はそれを「攻撃」と受け止めるでしょう。そのために人間関係を損なってしまっては、元も子もありません。そういう明らかなリスクがない方法を選んでいただきたいと思います。

それを考える上で参考になるのは、自分が普段どんな行動パターンを選択しているかを思い起こしてみることです。

たとえば、相手から嫌われたと思ったときに、何となく相手を避ける、会っても積極的には笑えなくなる、といった行動を取っているとしたら、そのパターンを（相手にとって大きな負担にならないように）少しだけ変えることを考えてみてください。

たとえば、「次に相手と会ったとき、積極的に笑顔で挨拶してみる」というのはどうでしょうか？　リスクがなく、相手にとっての負担にもならない方法です。

それに対して、相手も笑顔で挨拶を返してくれたら、嫌われたと思っていたのは思い過ごしだったと分かるでしょう（逆に、その挨拶も相手から無視されたり、冷たい反応を返されたりしたら、本当に嫌われていたことがはっきりするでしょう）。

このように、相手の反応など、行動の結果として起こる出来事も大まかに予測しながら、実験の方法を考え、「何時《いつ》・何をするか」という計画を立てるのが「手順2」です。

＊検証結果に合わせて認知を修正する

次はいよいよ、行動実験を実行に移しましょう。

このときに心がけていただきたいのは「十分な結果が得られる前にやめてしまわないこと」です。

10枚に1枚しかハズレくじが入っていないくじ引きでも、その1枚が最初に出ないとは限りません。それが出たからと言って、そこで引くのをやめてしまったら、そのくじ引きにはハズレばかり入っている、という誤った結論を導き出すことになってしまいます。

それと同じように「笑顔で挨拶したのに、無視された」という出来事がもし最初に起こったとしても、そこで行動実験をやめてしまわないことが大切です。一度でもそういう反応を返されると、その行動を続けるのが怖くなると思いますが、「これは実験なのだから」と自分に言い聞かせて、勇気を出して続けるようにしてください。

このように、十分な結果が得られるまで行動実験を続けるのが「手順3」です。

その実験を一定の期間続けてみた結果、たまには冷たい反応を返されることがあるものの、こちらが笑顔で挨拶したことに対して、相手も笑顔で挨拶を返してくれることが多かったとしましょう。

その結果を受けて、思い込みを修正するのが「手順4」です。このケースでは、「私は相手の些細な態度の変化から、すぐに『嫌われた』と思ってしまうけれど、それは思い過ごしであることが多い」

などと修正できると思います。

このときの注意点としては、あくまでも「現実に合わせて修正する」ようにしてください。行動実験の結果から言えないようなことまで修正に盛り込んでしまうと、それはそれで事実に基づかない思い込みになってしまいます。控えめなくらいでちょうど良いでしょう。

＊　行動分析と組み合わせる

行動実験の効果は、第2章で紹介した「行動分析」と組み合わせることで、より大きくなります。

56ページを見てください。ここで行ったのは、「俺は人より劣っている、能力が低い人間だ」という信念を持っているために、上司の攻撃的な反応を引き出しやすい認知と行動のパターンを選択し、そのため実際に上司から叱責されることが多くなり、さらに悲観的な信念を強めていく……という悪循環に陥っているケースの分析でした。

このチャートの中に、行動実験のターゲットとして適している思い込みがあることにお気づきでしょうか。

それは【行動1】、仕事でミスをして、上司から叱責を受けたときに「謝ってやり過ごす。上司の言いなりになる」という行動を選択している点です。この方はもしかすると、「目上の人から叱責を受けたときは、ひたすら謝って、相手の言いなりになれば良い。そうすれば、物事は丸く収まる」

といったルール、あるいは、信条のようなもの（＝媒介信念）を自分に課しているのかも知れません。

この思い込みをターゲットとして行動実験を行う場合、それが正しいのかを検証するためには、行動パターンをどう変えてみるのが良さそうでしょうか？

それを考える上でヒントになるのは、一つ前の段階である【認知1】、上司から叱責を受けたときに「『俺は何をやってもダメだ』と考える」という点です。

第3章で解説した通り、これは「一般化のしすぎ」という典型的な推論の誤りであり、そういう考え方のクセを持っている方は、人からミスを指摘されたり、叱責を受けたりしたとき、それを「否定された」「傷つけられた」といった抽象的な出来事として捉えやすい傾向があります。そのために、実際に指摘された部分にちゃんと向き合っていないのです。

この推論の誤りを「一滴のインク技法」で修正した上で、【行動1】を次のように変えてみると、どうなるでしょうか。

【行　動1（変化後）】　ミスについてはきちんと謝る。その上で、指摘された部分について具体的にどのように修正すれば良いか、上司に確認を取る。

もちろん、確認を取るだけでなく、上司の指導に従い、速やかにミスを修正することも大切です。

部下の態度がそのように変化したら、上司の接し方が変わってくるのではないでしょうか。

たとえば、それまでは、叱ってもひたすら謝ってくるだけで、改善する意欲が見られなかったために、つい社会人としての資質にまで言及したくなっていたのが、何をどう修正すれば良いのか、という具体的なポイントに限定して注意するようになる、といった変化が現れるかも知れません（【出来事２】の変化）。

さらに、これはやや希望的観測に過ぎるかも知れませんが、
「君はよく頑張っているな。これからの成長が楽しみだよ」
といった褒め言葉や励ましの言葉をかけられる機会が増えていくとも考えられます。

そうなると、また上司から叱責されても、そのときの受け止め方が変わるでしょう。たとえば、指摘に対して「そうか。ここをこう修正すれば良いのか」と素直に聞く耳を持てるようになり、上司が自分を指導してくれることを有り難く感じられるかも知れません（【認知２】の変化）。

認知がそのように変われば、行動も変わっていきます。たとえば、必要以上にビクビクしなくなったり、また上司から叱責を受けても、メモを取りながら、冷静に修正の仕方を習うことができるようになったりするのではないでしょうか（【行動２】の変化）。

まとめると、認知と行動（とその結果起こる出来事）が次のように変化するわけです。

【出　来　事　1】仕事でミスをして、上司から叱責を受ける。
↓
【認　知1（変化後）】「指摘されたのはこのミスについてだ」と否定エリアを全体に広げず、焦点化する。
↓
【行　動1（変化後）】ミスについてはきちんと謝る。その上で、指摘された部分について具体的にどのように修正すれば良いか、上司に確認を取る。
↓
【出来事2（変化後）】上司の叱責が、その時々のミスに限定したものになる。何をどう修正すれば良いのか具体的に教えてくれるようになる。
↓
【認　知2（変化後）】上司の指摘に素直に耳を傾けることができるようになり、自分を指導してくれることを有り難く感じる。
↓
【行　動2（変化後）】必要以上にビクビクしなくなる。

そして、こうした行動実験とその結果としての出来事の変化を経験することにより、当初持っていた思い込みを次のように修正できると考えられます。

「目上の人から叱責を受けたときは、謝ることも大切だが、その上で、指摘されたミスと向き合い、それを具体的にどう修正すれば良いのか、相手に確認する方が良い結果になる」

＊行動を変えてみる勇気

ここでは簡単なことのように書いていますが、実際に悲観的な信念に基づく思い込みを持っている人が、いつもとは違う行動パターンを選択する、というのは、勇気が要ることだと思います。

たとえば、「人に迷惑をかけてはならない」と思い込んでいる人が、自己都合によるお願い事をするときには「こんなことを言って嫌われないかな」と不安になるでしょうし、相手の些細な態度の変化から、すぐに「嫌われた」と思ってしまう人が、次に相手と会ったときに笑顔で挨拶しようとすると、最初は頬が引きつりそうになるでしょう。

また「目上の人から叱責を受けたときは、ひたすら謝って、相手の言いなりになれば良い」と思い込んでいる人が、実際に怒っている上司を目の前にして、指摘された部分をどう修正すれば良いか確認を取ろうとすると、「反抗と受け取られて、上司との関係を損なってしまわないだろうか」といった葛藤が生じると思います。

信念は（中核信念はもちろん、周辺的なものである媒介信念でも）、本人にとって、それなりの意味があって生み出されたものです。たとえば、子どもの頃には、それが自分の身を守る方法であったのかも知れません。

それゆえに、行動実験を行おうとしても尻込みしてしまうときには、こう考えてみてください。

その信念（思い込み）をつくり出したのは過去の自分です。幼少期とは限らないとしても、ともかく現在の自分ではありません。その過去の自分と現在の自分は、置かれている状況が同じでしょうか？

おそらく、そうではないはずです。

もし行動を変えることによって、人間関係を損なってしまっても、大人になった今なら関係を修復する方法はいくらでもあるでしょうし、交友関係が広がっている今なら、その一人との関係がダメになってしまったとしても、他の友人との関係をより大切にしたり、新しい友人を求めたりすることもできるでしょう。

仮に上司との関係を損なって、会社に居づらくなったとしても、その会社にいることだけが人生のすべてではありません。転職を考えたり、仕事以外のことを充実させる良い機会だと捉えたりすることもできるのではないでしょうか。

それをあたかも「世界の終わり」のように思ってしまっているのが、目の前の現実とではなく、信念と戦ってしまっている状態なのです。そのことに気づいて、「たとえ恐れている結果になっても、世界が終わるわけではない。このまま悪循環に陥っているよりはマシだ」と思うことができれば、行動実験に取り組む勇気が湧きやすくなるでしょう。

ここまでに説明してきた通り、私たちの認知の根底に横たわっている信念（特に中核信念）そのものを変えることは、そう簡単にはできません。

しかし、それを抱えたままでも、悲観的な信念に動かされないようにすることや、意識の表層に近い部分から認知に修正をかけていくこと（また、それによって気分を改善させること）は可能です。

それをカウンセリングルームの中だけで行うのではなく、仕事や私生活の問題、陥っている悪循環などを解消しながら行うところに、認知行動療法の特徴があると言えるでしょう。

第4章では、その認知の変え方である「行動実験」について説明しました。下向き矢印法や行動分析などと組み合わせ、第3章で解説した典型的な推論の誤りをベースとする修正法とともに、実際の場面で活用していただければと思います。

第5章

なぜ体が反応してしまうのか?
――「古典的条件付け」のメカニズム

ここまで、認知行動療法が、悩みを生み出している認知と行動、その両方にアプローチすることで、気分を改善させたり、悩みを解消に向かわせたりすることを説明してきました。

出来事が感情を生み出しているのではなく、その出来事に対する自分の受け止め方が感情に影響を与えていること、その受け止め方の根底には信念があること、私たちは目の前の相手や出来事とではなく、信念と戦ってしまっている場合があることなどについて、ご理解いただけたと思います。

また、さまざまな考え方のクセとそれを修正する方法、行動実験が有効であることなどもお伝えしてきました。

しかし、ここまでの話には当てはまらないケースもあると思います。

たとえば、特定の上司を思い浮かべたり、プレゼンテーションなど特定の場面を想像したりするだけで、不安や恐怖を感じたり、体が萎縮してしまったりすることはないでしょうか。頭でどう考えているかという以前に、体がそう反応してしまうようなケースです。

あるいは、自分でもなぜそんな行動を繰り返しているのか分からないけれど、気がつくと、いつもその行動を取っている。自分でもやめなければいけないと分かっている悪習慣がやめられない、ということはないでしょうか。

こうした問題には、行動療法のベースとなっている学習心理学で「古典的条件付け」「オペラント条件付け」と呼ばれるメカニズムが関わっていることがよくあります。

本章から次章にかけては、認知行動療法のもう一つの大きな柱である行動療法の基本的な考え方を説明していきましょう。行動療法の考え方は、人間関係や仕事上の問題の解決だけでなく、子育てや人材の管理・育成などにも役立てていただきやすいと思います。

＊行動療法の原点「パブロフの犬」

パブロフの犬の話をご存じでしょうか？　餌の時間とベルの音をセットで学習させられた犬が、餌がなくても、ベルの音を聞くだけで唾液を出すようになった、という話です。

今日「条件反射」と呼ばれているこの現象は、行動療法誕生前夜の大きな発見と言われ、シンプルでありながら、現在の認知行動療法の基礎になっていると言っても過言ではありません。

イワン・パブロフ（Ivan Pavlov 1849 - 1936）は、１９０４年に消化腺の研究でノーベル生理学・医学賞を受賞したロシアの生理学者です。

■古典的条件付け（パブロフの犬）

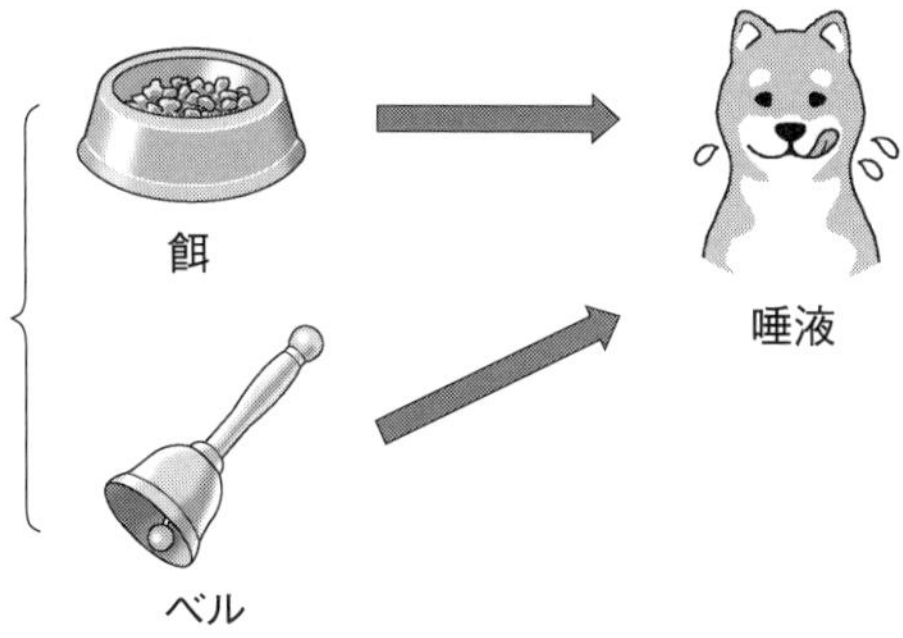

パブロフは元々、犬が餌を食べたときに、口腔や消化器官でどのように唾液や消化液が分泌しているのかを調べていました。その研究中、飼育係が餌を持たずに部屋に入ることがあったそうです。そのときにも、犬はいつもと同じように「餌をもらえる！」と判断したのか、唾液を分泌していました。

これは、犬を飼っていらっしゃる方にはなじみ深い現象ではないでしょうか。外で飼われている犬は、飼い主が近くを通っただけで「散歩に連れていってもらえる！」と勘違いして、はしゃぎだすことがよくありますよね。

パブロフは当初、この現象を研究上の厄介事のように捉えていたようですが、間もなく、こう考えるようになりました。「この犬は、飼育係が部屋にやってくる姿や足音と餌の時間を結びつけて学習したのではないか」と。

この仮説を裏付けるために行われた検証の一つが、餌の時間にベルを鳴らすという前述の実験です。パブロフの予想通り、犬はベルの音と餌の時間を結びつけて学習し、餌とは本来関係ないベルの音を聞いただけで唾液を分泌するようになりました。

このように、動物が本来持っている生理的な反応ではなく、後天的に学習された、特定の刺激によって引き起こされる特定の反応が「条件反射」です。

条件反射は、心理学の分野では「古典的条件付け」と呼ばれ、根本的な学習形態の一つとして、教育や福祉、医療の現場で用いられています。

＊お酒を飲むと泣き上戸になる

私たちは、日常生活の中で、知らず知らずのうちに古典的条件付けを自らに与え、特定の条件で特定の反応をするようになっていることがよくあります。

よく用いられる例で言えば、梅干しを見たり、梅干しという言葉を聞いたりするだけで（実際に食べるわけではないのに）唾液が分泌される、というのも古典的条件付けですし、ビジネスシーンで言えば、しばしば叱責を受けた上司を思い出すだけで（今、実際に怒られているわけではないのに）体が萎縮してしまう、というのもそうです。

条件反射は、単なる「習慣化された行動」とは違うことに留意してください。ソファに座ると何となくテレビをつけてしまう、机の前に座ると、用もないのにパソコンを立ち上げてしまう……といった特定の条件と行動の関係も、一般用語として条件反射と呼ばれることがありますが、本来の意味は少し違います。

唾液分泌、発汗、震え、緊張、不安、恐怖……。そういった身体的な反応が特定の条件によって引き起こされるのが条件反射であり、それを成立させる無意識的な学習メカニズムが古典的条件付けです。

ユニークな例では、お酒を飲むと、泣き上戸になる人がいるのも、古典的条件付けで説明できます。

そういう人は、最初に何か悲しい出来事があったのかも知れません。それが仮に「最愛の恋人との別れ」だったとしましょう。「それを経験したら、泣きたい気分になって当然だな。それが自然の反応だな」という結びつきを私たちは生得的に持っています。「パブロフの犬」になぞらえて言うなら、これは餌と唾液分泌の関係です。

ところが、その人が「悲しい出来事があったときにお酒を飲む」ということを繰り返していると、「お酒を飲むこと」と「悲しい出来事」という本来関係のない二つを結びつけて学習してしまい、お酒を飲むだけで（悲しい出来事があったわけではないのに）泣きたくなる、という反応が起こるようになります。お酒を飲むことが「泣く」という反応を引き起こすべルのようなものになってしまうのです。自分では学習したつもりがなくても、脳がその条件と反応の組み合わせを覚えてしまう、という感じでしょうか。

＊スマホを持って布団に入ると眠れなくなる

最近、社会問題としても取り沙汰されているスマホによる睡眠障害も、この理屈で説明できる面があります。

スマホが普及する以前には、多くの方が、一日の活動を終えて布団に入ったら眠るだけ、という習慣を持っていたのではないでしょうか。それを長年続けていると、布団に入ると眠くなる、という反応が起こりやすくなります。これは健全な睡眠に至る古典的条件付けであり、条件反射です。

■スマホと睡眠障害の関係

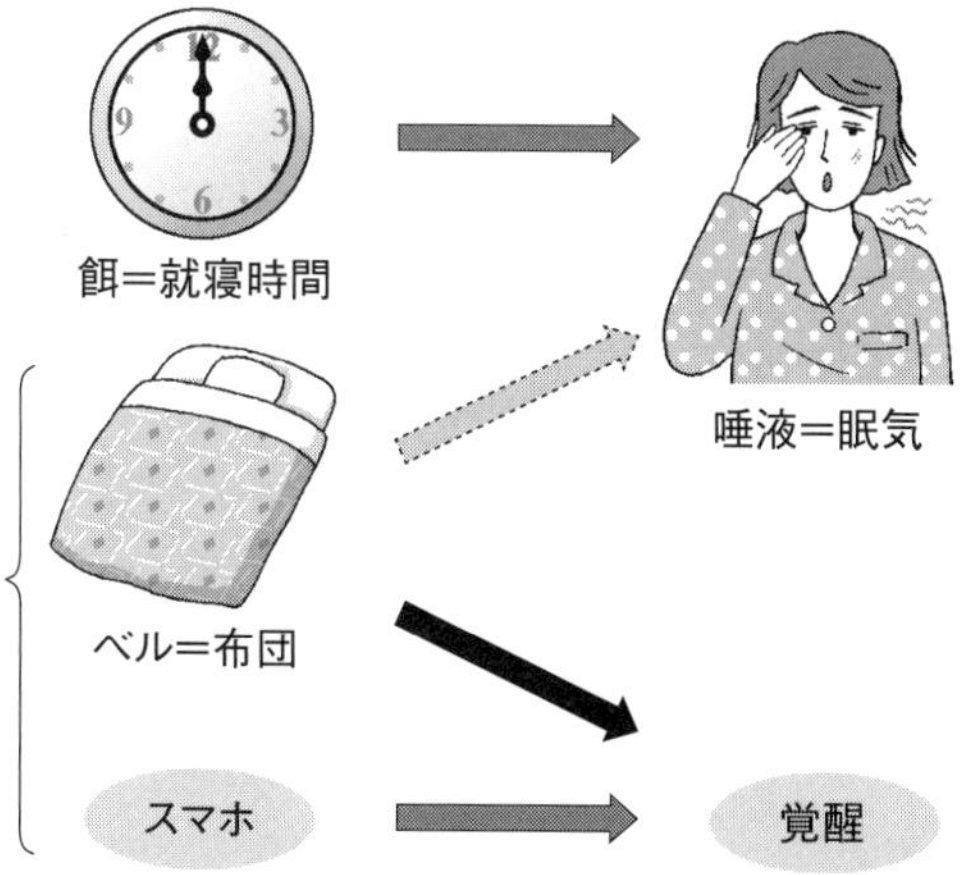

ところが、そういう人がスマホを入手して以来、スマホを持って布団に入り、ゲームをしたり、動画を見たりする習慣を持つようになったとします。強い光を見ることも、ゲームや動画による刺激も覚醒を促しますから、布団に入っても眠くならず、逆に目が冴えてしまうことが増えるでしょう。

そういう経験を何度も繰り返していると、布団と（本来覚醒を促すものである）スマホを結びつけて学習してしまい、スマホを持たずに布団に入っても眠れない、ということが起こるようになります。布団の中でスマホを触る習慣を持つようになる以前には睡眠という反応を引き起こす条件であった布団が、覚醒を促すベルのようなものに変化してしまうのです。

＊誤った結びつきを解除する方法

古典的条件付けが成立してしまった後で、誤った結びつきを解除するには、どうすれば良いでしょうか。

まず理解していただきたいのは、それは「頭の中で考え方を変えるだけ」ではできない、ということです。たとえば、目の前に酸っぱそうな梅干しがあるときに「今はこれを見ているだけで、食べるわけではないのだから、唾液を分泌させる必要はない」と頭で考えてもできませんよね。それと同じように「今は眠るために布団に入っているのだから、スマホを操作するときのように覚醒している必要はない」と頭で考えるだけでは、覚醒してしまうのを止めることはできません。

根本的に大切なのは、誤った結びつきを強化している行動を把握し、それをやめることです。たとえば、「お酒を飲むこと」と「悲しい出来事」という結びつきを解除するには、悲しい出来事があったときにお酒を飲むという行動をやめる必要があります。それをやめている期間が長くなればなるほど、誤った結びつきは弱くなっていくでしょう。

その上で、できれば、楽しい出来事があったときにお酒を飲んだり、一緒にいると楽しくなる人とお酒を飲んだりする機会を増やし、「お酒を飲むこと」と「楽しい出来事」という健全な結びつきを学習し直していくことができればベターだと思います。

スマホによる睡眠障害の場合も同様です。

まずは、誤った結びつきを強化している「スマホを持って布団に入る」という習慣をやめる必要があります。

睡眠障害の患者さんを認知行動療法で治療する場面では「布団に入ったら、眠ること以外何もしないように」と指導するのが一般的ですが、それがどうしても難しい場合には、読むと眠くなる本を持ち込むなど、スマホを別の（覚醒ではなく睡眠を促しやすい）ものに変える段階を挟んでもいいかも知れません。

また、睡眠障害の方には「本当に眠くなるまで布団に入らないこと」も推奨されています。布団に入っても目が冴えて眠れず、ジリジリと不安や焦りを感じながら過ごすこと自体も、布団を覚醒や不安・焦りと結びつける学習になってしまうと考えられるからです。

そういう場合には、眠くなるまで頭を疲れさせる勉強をしたり、就寝の2時間ほど前にゆっくりと入浴したり（人間の体には、深部体温が上昇した後で下降するときに眠くなるメカニズムがあります）、リラックス効果のあるストレッチをしたりする習慣を持つと良いでしょう。

そして、本当に眠くてウトウトするくらいになったら、布団に入って眠る。そういうことを繰り返していると、「布団に入ると眠くなる」という健全な条件反射を取り戻していくことができます。

ちなみに、眠る前に入浴したり、ストレッチをしたり、といった行動を日々繰り返していると、その一連の行動自体も眠気を促す条件のようになってきます。これも条件反射であり、眠る前に行うルーティン化された行動は「入眠儀式」と呼ばれます。

頭を疲れさせる勉強や入浴、ストレッチ以外にも、リラックスできる音楽の鑑賞やアロマ浴など、自分に合った入眠儀式を身につけていけると良いでしょう。

＊ プレゼンテーションが怖い

次に、もう少しビジネス寄りのケースを考えてみましょう。

本章の冒頭で挙げた「プレゼンテーションなど特定の場面」が「不安・恐怖」といった身体的反応を引き起こす条件になってしまっている場合には、どうすれば良いでしょうか。

泣き上戸やスマホによる睡眠障害の例は、繰り返された経験によって、本来関係ないはずの二つのもの（お酒を飲むことと悲しい出来事、布団とスマホ）を結びつける学習が進んでしまったケースですが、一度の強烈な経験によって、古典的条件付けが成立してしまうこともあり得ます。

臨床に近い例を挙げれば、遮断機が降りて、電車が通過するのを待っているとき、悲惨な交通事故を目撃したことで、踏切と交通事故を結びつけて学習してしまい、踏切を見るだけで恐怖が喚起されるようになっている「踏切恐怖症」などがそうです。

ビジネスシーンで言えば、たとえば、初めて社外で行ったプレゼンテーションで大失敗をして、大勢の人前で恥をかいた上、上司からも厳しい叱責を受けた。それ以来、プレゼンの機会が迫ってくると、不安や恐怖が起こり、体が萎縮するようになってしまっている、という方は少なくないのではないでしょうか。

「プレゼン」と「人前で恥をかくこと」あるいは「上司から叱責されること」を結びつけて学習してしまったケースです。これを仮に「プレゼン恐怖症」と呼ぶことにしましょう。

こうした古典的条件付けが成立してしまっている場合、もっとも問題になりやすいのは「プレゼンの機会を避けるようになること」です。たとえば、自らが担当するプレゼンの直前になると、決まって体調を崩し、代理を頼んで休む、といった回避行動を繰り返すようになることが考えられます。

それでプレゼン恐怖症が改善されるのなら良いですが、回避行動は、不安や恐怖を逆に増大させることが、さまざまな研究で確かめられています。

このことについては、パニック障害に言及する第8章でも改めて説明しますが、不安や恐怖の対象となっている刺激をいつも避けていると、「回避したから無事で済んだ」ということを経験的に学習することになり、相対的に「回避しなければ大変なことになる」という認知を強めてしまうことが多いのです。

そのため、プレゼン恐怖症を克服するときにも「プレゼンの機会をできるだけ回避しない」ということが、最初の重要なステップになります。

会社や上司が配慮して、最初はプレゼンの場に何もせず同席しているだけ、次はアシスタントとして手伝うだけ、といったハードルの低い機会をつくり、少しずつプレゼンの場に慣れさせ、そこで「何も失敗せず、叱責もされず、リラックスしていることができた」という経験を積ませていってくれれば理想的ですが、仕事ですから、そうはいかない場合も多いでしょう。ここでは、担当するプレゼンに自力で立ち向かわなければならないケースを考えてみます。

＊刺激の違いを整理する

そういう場合に私がおすすめしているのは、まず「昔のプレゼン」と「今後のプレゼン」の違いを考えてみることです。たとえば、

「昔のプレゼンは、初めて社外で行うプレゼンで、当時の未熟だった自分にとっては難度が高く、しかも、準備不足で臨んでしまった面もあった。それに対して、今回のプレゼンは、自社の部内で行う難度の低いものだし、自分の知識や経験値もあの頃よりは上がっている。その自分が十分な準備をして臨めば、昔のプレゼンと同じ結果にはならないはずだ」

そんなふうに条件の違いを整理してみるのです。

ここまでに説明してきた通り、一度古典的条件付けが成立して、身についてしまった条件

反射は「頭の中で考え方を変えるだけ」では解除できません。実際の行動と経験（このケースでは、大丈夫だった、萎縮しなかった……などと実感できる経験）が必要です。

しかし、頭の中で条件の違いを整理して、「昔のプレゼン」と「今後のプレゼン」が別の刺激であると思えるようにすることも、もちろん無駄ではありません。これは行動の前に認知を変えることであり、その両方の効果で、プレゼン恐怖症は克服に向かいやすくなります。

そして、実際に十分な準備をしてプレゼンに臨んだところ、恥もかかず、上司に叱られることもなく、最後までリラックスしていることができたとしましょう。

その経験が自信となって、次のプレゼンでも萎縮しなかった、その次のプレゼンでもリラックスしていることができた、さらに次のプレゼンでも……。そういった経験を積み重ねていくことができれば、プレゼンに関する新しい学習が進むので、当初あった「プレゼン」と「人前で恥をかくこと」「上司から叱責されること」という結びつきは相対的に薄れ、不安や恐怖、体が萎縮するといった反応は起こりにくくなっていくと考えられます。

もちろん、言うは易く行うは難しで、恐怖症の克服には少し時間がかかるものです。その中で、後述するようなリラクゼーション法が必要になる場面もあるでしょう。ここでは、古典的条件付けのメカニズムに基づく解決策はこうだ、ということを覚えておいてください。

第５章　なぜ体が反応してしまうのか？
――「古典的条件付け」のメカニズム

本章では、行動療法の原点とも言える「古典的条件付け」について説明しました。

皆さんの日常生活を振り返ってみてください。知らず知らずのうちに、古典的条件付けを自らに与え、特定の条件で特定の反応をするようになっていることがないでしょうか。

それを克服するには、どんな行動をやめる必要がありそうでしょうか？　それに替わるどんな条件付けを進めることが有効でしょうか？　ぜひ一度考えてみてください。

第6章

分かっているのにやめられない
──「オペラント条件付け」のメカニズム

パブロフの犬が元になっている「古典的条件付け」に対して「オペラント条件付け」と呼ばれている無意識的な学習メカニズムがあります。こちらも、行動療法の基礎となっている重要な考え方です。

オペラント条件付けという言葉を用いて、これまでの学習理論を整理し、行動分析学を生み出したのは、バラフ・スキナー（Burrhus Frederic Skinner 1904－1990）というアメリカの心理学者です。彼は「スキナー箱」と呼ばれる装置を試行錯誤の末につくり上げ、次のような実験を行いました。

まず、空腹状態にあるネズミをスキナー箱に入れます。箱の中にはレバーがあり、ブザーが鳴った直後にそれを押すと、餌が出てくる仕組みになっているのですが、もちろん、ネズミはそのことを知りません。しかし、箱の中を動き回っているうちに、偶然、脚がレバーにかかることがあり、それがブザー音の直後であると、餌が出てくることを経験します。そういう経験を二度、三度と繰り返していくうちに、ネズミはその仕組みを学習し、ブザー音の直後にレバーに脚をかける頻度が高まっていく、というのです。

つまり、特定の環境（これを「先行刺激」と言います）で、特定の行動を取ると、特定の結果が得られる、ということをネズミが学習し、類似した行動を繰り返すようになる、という

■オペラント条件付け

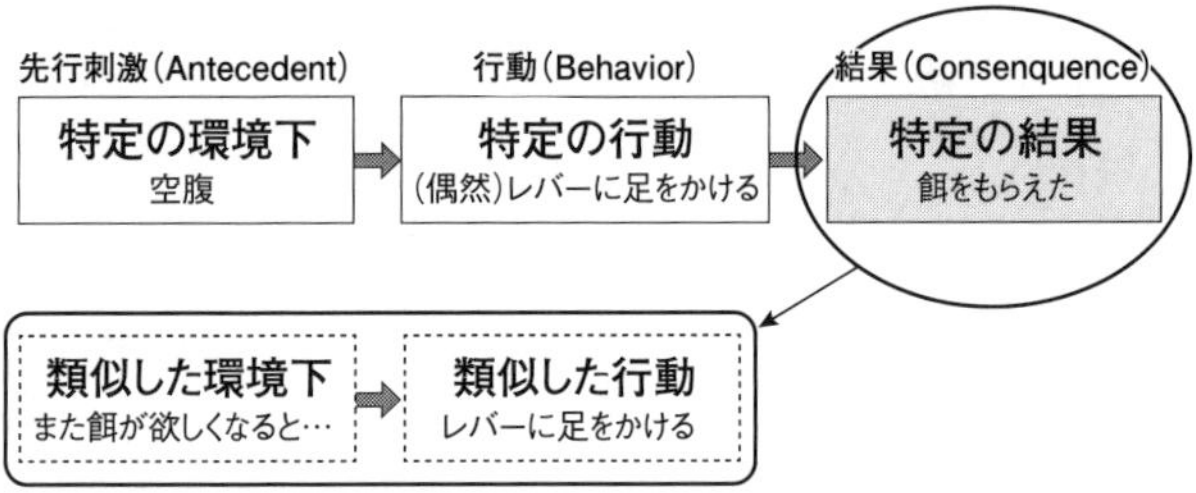

ことをスキナーは発見しました。

言葉を使って思考するわけではないネズミのような動物に「学習」という概念を当てはめることに、当時は懐疑的な学者も多くいた（単なる本能ではないか、と考えられる向きがあった）そうですが、今日、この現象は哺乳類だけでなく、より広範な動物で認められることが実験で確かめられ、人間においては、学習心理学の常識的な理論となっています。

＊行動の後に原因がある

オペラント条件付けの重要なポイントは「行動の後に原因がある」という考え方です。

スキナー箱の実験で、ネズミは最初から「空腹だから、餌を得よう」として、レバーを操作していたわけではありません。最初は偶然です。しかし、その結果として、ブザー音の直後にレバーを押すと餌が得られることを学習し、同様の行動を繰り返すようになりました。つまり、「原因が行動よりも後」にあるのです。

これを日常生活に当てはめて考えてみましょう。たとえば、私たちは通常「のどが渇いたから、お茶を飲む」というふうに考えています。しかし、オペラント条件付けの考え方に則して言えば、これは逆です。「お茶を飲んだことにより、のどの渇きを潤すことができた。だから、またのどが渇いたときにはお茶を飲むという行動を取る」と考えます。

コーヒーであれば、のどの渇きを潤すというだけでなく、それを飲んだ後、頭がすっきりして、仕事が捗《はかど》った、ということをメリットとして学習することもあるでしょう。そういう場合には、仕事を捗らせたいときにコーヒーを飲む、という行動を繰り返すようになると考えられます。

人がある行動を繰り返すのは、その行動によって、何らかのメリットを得られることを学習したから、というのが、オペラント条件付けの基本的な考え方なのです。

この例の場合、「お茶を飲む」「コーヒーを飲む」という行動は「のどが潤う」「仕事が捗る」という結果を得るための道具のような役割を果たしています（スキナー箱の例で言えば、ネズミがレバーを操作する行動がそれにあたります。ちなみに、オペラントというのはオペレート＝operate にちなむスキナーの造語です）。

そのため、オペラント条件付けは「道具的条件付け」とも呼ばれます。

古典的条件付けとオペラント条件付けの違いを押さえておきましょう。

古典的条件付けの場合には、そこにメリットがあるかどうかは必ずしも関係ありません。二つの刺激（餌とベル、お酒を飲むことと悲しい出来事、布団とスマホなど）を結びつけて学習してしまうことで、特定の条件で生得的ではない反応が起こるようになるのが、古典的条件付けです。

それに対して、オペラント条件付けの場合には、その行動を取ることにメリットがある、ということが重要な意味を持ちます。そして、そのメリットがあることを最初から知っていたわけではなく、経験によって学習し、そのために同じ行動を繰り返すようになる、というのがオペラント条件付けです。

こうした無意識的な学習メカニズムは、精神医療や教育プログラムの開発などに採り入れられ、目覚ましい成果を上げているのはもちろん、私たちの日常的な問題を解決することにも非常に役立つ考え方です。

大人の具体例で説明する前に、子どもの行動を例にして考えてみましょう。子育て中ではない方も、子どもがなぜそんな行動を取るのか、それにどう対処すれば良いのかを知ることで、オペラント条件付けのメカニズムが分かりやすくなると思います。

＊スーパーで駄々をこねる子ども

スーパーへ買い物に出かけたとき、次のような場面を目にすることがないでしょうか。

母親と幼い子どもがカートを押しながら、お菓子コーナーの前を通りかかったとき、子どもが「お母さん、これ買って」とねだります。しかし、母親は「ダメよ、もう今日は食べたじゃない」と言って、子どもの手からお菓子を取り上げて、棚に戻しました。すると、子どもは泣きわめいて「買って、買って」と駄々をこねはじめる……。

自分が母親になったつもりで想像してみてください。こういう場面で、皆さんならどう対応されるでしょうか？

泣きわめく子どもの声が店内に響き、他のお客さんたちの注目が集まります。その状態から逃れるために（あるいは、公共の場所で子どもを泣かせているダメな母親と思われたくないために）、「仕方ないわね。今日だけよ。スーパーでは静かにしていなさいね」などと言って、渋々お菓子を買い与えてしまうこともあるのではないでしょうか。それで、子どもは大人しく泣き止み、その場をしのぐことができるでしょうし、スーパーでは静かにしているべきことも言い聞かせたのだから、悪くはない対応のように思われるかも知れません。

しかし、オペラント条件付けの考え方に基づいて言えば、このとき、母親は次のような仕組みを子どもに学習させてしまったことになります。

欲しいお菓子があるのに買ってもらえないとき（先行刺激）
駄々をこねたら（特定の行動）
買ってもらうことができた（報酬）
↓
また欲しいお菓子を買ってもらえないときには、駄々をこねるという行動を取ろう。

■スーパーで駄々をこねる子ども

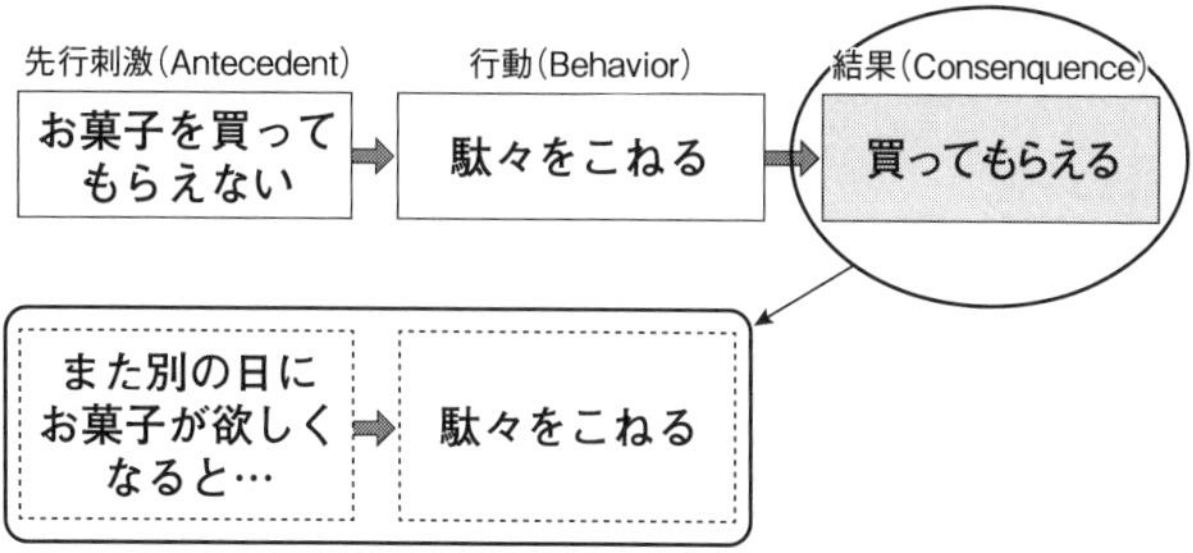

スキナー箱の例で言えば、お菓子が欲しいのに買ってもらえないという状況がネズミの空腹状態に当たります。駄々をこねるのがレバーに脚をかけるという行動です。

もちろん、幼い子どもがそんなふうに理屈で考えているわけではありません。もっと無意識的に、特定の環境と行動、その結果得られる報酬の関係を体で覚えてしまう感じです。

＊赤ちゃんの夜泣き

赤ちゃんの夜泣きも、オペラント条件付けで説明できる面があります。

夜泣きの原因には諸説ありますが、もっとも有力視されているメカニズムの説明がオペラント条件付けであり、実際、その考え方に基づく対処法が普及している欧米では、夜泣きの報告がほとんどありません（近年、日本でもベストセラーになったフランスの育児書『フランスの子どもは夜泣きをしない』でも、そのことは知られるようになりました）。

夜泣きの定義もさまざまですが、ここでは仮に「生後6ヶ月以上の赤ちゃんが、夜中に何回も起きてしまい、授乳以外の方法では泣きやまないこと」と定義しましょう。

そういう赤ちゃんの場合、最初に授乳しながら寝かしつける習慣があったと考えられます。そろそろ眠くなったとき、おっぱいを口に含んだまま眠りに就く、ということを繰り返し経験したために、それが赤ちゃんにとっての入眠儀式のようなものになっているのです。

睡眠には、比較的浅い眠りであるレム睡眠と深い眠りであるノンレム睡眠があるのはご存じでしょうか。睡眠サイクルが未成熟である赤ちゃんは、レム睡眠の際、ふと目を覚ましてしまうことがあります。

そのとき、自力で再び眠りに就くことができる赤ちゃんは夜泣きをしません。しかし、自力で眠ることを学習していない赤ちゃんは、おっぱいを欲しがります。おっぱいを口に含むことと眠ることとの結びつきを体で覚えているので、眠るためにはそれが必要であるかのように思い込んでいるのです。そして、それを得ようとして泣きはじめます。

このときの対処法として、古い常識では「夜泣きの時期はいつか終わります。お母さんの愛情を捧げるつもりで、要求を満たしてあげましょう」といったことがよく言われていました。しかし、オペラント条件付けの考え方に基づいて言えば、そういう対処を繰り返していると、赤ちゃんに次のような仕組みを学習させてしまうことになります。

眠いのに眠れないとき（先行刺激）
泣いておっぱいを要求したら（特定の行動）
おっぱいをもらえて、眠ることができた（報酬）

このような条件付けが成立してしまうと、その赤ちゃんは夜中に目が覚めるたびに泣くようになると考えられます。

それでもお母さんが起きてくれず、おっぱいをもらえなかったとしましょう。

大人でも「このボタンを押せば、電気がつくはずだ」と学習済みのボタンを押しても、電気がつかないとき、「なぜつかないんだ？」と苛立《いらだ》ちながら、繰り返しボタンを押したりすることがありますよね。それと同じように、赤ちゃんも「こうすれば、報酬を得られる（おっぱいをもらえて、眠ることができる）はずだ」と学習済みの行動を取っているのに、欲しいものが得られないとき、より激しく泣いたり、長時間泣きつづけたりします（この反応を「消去抵抗」と言います）。

それに耐えられず、お母さんがおっぱいを与えてしまうと、どうなるでしょうか？　赤ちゃんは「泣いても欲しいものが得られないときには、もっと激しく泣けば、欲しいものが得られる」という仕組みを学習してしまいます。赤ちゃんの夜泣きが激しさを増していくときのパターンです。

スーパーで駄々をこねる子どもと同様に、まだ言葉を話せない赤ちゃんが理屈としてそう考え、行動しているわけではありません。オペラント条件付けという無意識的な学習メカニズムで、そういう仕組みを体得し、報酬を得るための行動を繰り返しているのです。

＊オペラント条件付けを解除する方法

一度成立してしまったオペラント条件付けを解除するには、どうすれば良いでしょうか。「スーパーで駄々をこねる子ども」と「夜泣きする赤ちゃん」、それぞれのケースで考えてみましょう。

いずれの場合でも、根本的に大切なのは、改善させたい行動（駄々をこねる、夜泣きする）のビフォーとアフターにどんな先行刺激と報酬があるのかを把握することです。

スーパーで駄々をこねる子どもの場合、ターゲットとなる行動の前にあるのは「欲しいお菓子があるのに買ってもらえない」という刺激ですよね。後にあるのは「お菓子を買ってもらえる」という報酬です。駄々をこねるという行動が、この二つを結びつける道具にならないことを経験によって学習させていく必要があります。

かといって、ただ「ダメよ」と言って、お菓子を棚に戻すだけで済みそうもないのは、子育てを経験されている方なら容易に想像がつくのではないでしょうか。子どもは欲求をただ禁止されると、感情的な行動を取りやすくなります。

そこで、私がおすすめしたいのは「お菓子を手に入れる別の仕組みを提示する」という方法です。たとえば、次のように伝えてみるのはどうでしょうか。

「今日はお菓子を買いに来たんじゃないからね。でも、今『まあ、いいか』と我慢して、ママと一緒に野菜を買ってくれたら、明後日、お菓子を買ってあげるよ。どうする？」

先行刺激と報酬を結びつける（母親にとっても、子どもにとっても望ましい）別の道具を与えるのです。

もちろん、母親が提示した仕組みに従って、子どもが「まあ、いいか」と我慢してくれたときには、後日、約束通りにお菓子を買ってあげます。

一方で、我慢せず、駄々をこねはじめたときには、その場でも後日でもお菓子は買ってあげません。泣こうがわめこうが、ダメなものはダメ。その行動では絶対に報酬は手に入らない、ということを経験によって学習させていく必要があるのです。

そこで中途半端に買い与えてしまったり、後日、母親が「買ってあげる」という約束を守らなかったりすると、不適切なオペラント条件付けの解除と望ましい条件付けの学習は進まなくなります。

母親は「この場面で子どもにどう行動してほしいのか」「どんな行動を学ばせることが子どもの将来のためになるのか」をしっかりと考え、メリハリのついた対応をすることが大切です。

その上で、どうしても子どもが駄々をこねるのをやめないときは、

「お母さんの代わりにカートを押してみる?」

「いちばん大きいニンジンを見つける競争をしようか」

「レジに着くまでに赤いものをたくさん見つけた方が勝ちね！」

など、子どもにとって気が紛れる別の行動を具体的に指示してあげるのも良いでしょう。


夜泣きする赤ちゃんの場合にも、基本的な考え方は同じです。

夜泣きするという行動が「眠いのに眠れない」という先行刺激と「おっぱいをもらえて、眠ることができる」という報酬を結びつける道具にはならないことを経験的に学習させていく必要があります。

代わりに、この場面でどんな行動を身につけさせることが、母親にとっても子どもにとっても望ましいでしょうか？　それはもちろん「自力で眠る」という行動ですよね。

大人であろうと子どもであろうと、本来は自然と眠りに就けるはずなのに、何かがなければ眠れないかのように学習してしまう。そのことが悲劇であり、赤ちゃんにおいては、いつまでも夜泣きが直らない原因になります。

かくいう私自身、我が子の乳児期には一晩に何度も夜泣きで起こされていました。そのたびにおっぱいを与え、結局、ほとんど眠れないまま朝を迎えたときの絶望感と言ったら……。

それがオペラント条件付けの考え方に基づいて、夜中に赤ちゃんが目を覚まして泣いても、おっぱいを与えないようにしたところ、3日も経たないうちに夜泣きは直りました。

赤ちゃんが「泣いてもおっぱいはもらえない」「おっぱいを口に含まなくても自然と眠ることができる」ということを学習したのです。今までの苦労は何だったのかと思うほど劇的な効果だったのを覚えています。

これはもちろん、ただ放置すればいい、ということではありません。子どもに何を学習させたいのかを母親が意識して、子どもの力を信じ、愛情を持って見守ることが大切です。

どうしても泣きやまないときには、体をさすってあげたり、子守歌を歌ってあげたりすると良いかも知れません。赤ちゃんにとっての入眠儀式を母親にとってもう少し負担の軽いものにする、そういう段階を挟んで、自力で眠ることを学習させていくという考え方です。

＊お菓子のむちゃ食いをやめられない

子どもの例が長くなりましたが、続いて大人の例で考えてみましょう。

自分でもやめなければいけないと分かっている悪習慣がやめられない、ということはないでしょうか。

たとえば、夜、寝る前にお菓子をむちゃ食いしてしまう。健康のためにも美容のためにも良くないと分かっているのに、その行動がやめられない、というケースをオペラント条件付けのメカニズムに当てはめて考えてみます。

ちなみに「むちゃ食い」というのはラフな言葉のようですが、じつは精神医学の用語です。何らかの抑うつ的な心理があるために、短時間で過剰な食べ物を摂取するという行動を自制できず、そのためにさらに抑うつを深めていく（かつ自発的嘔吐や下剤の乱用などを伴わない）摂食障害を「むちゃ食い障害＝非嘔吐過食症」と言います。

しかし、それについて正しく説明しようとすると、一般的なケースから離れてしまうので、ここではオペラント条件付けで説明できる、障害というレベルではない悪習慣に限定して話を進めることにしましょう。

このケースで先行刺激に当たるものは何でしょうか？　単に空腹だとすると、そのためにお菓子を食べるというのは、生理的な欲求に基づく行動ですから、オペラント条件付けにはなっていません。

しかし、むちゃ食いという特殊な行動を考えてみると、それだけではないように思えます。たとえば、先行刺激としてあるものが「寂しさ」という場合があるのではないでしょうか。

寂しくてたまらなくなったとき（先行刺激）
お菓子をむちゃ食いしたら（特定の行動）
寂しさを紛らわせることができた（報酬）

自分でも気づかないうちに、こういった仕組みを学習してしまったのかも知れません。そうだとすると、行動の原因が空腹ではないので、お腹の満たされ具合とは関係なく、孤独感が解消されるまで食べようとしてしまいます。

先行刺激が「不安」や「ストレス」などだとしても同様です。それらを紛らわせたいときに、お菓子をむちゃ食いするという行動をやめられなくなります。

その悪習慣を持っているのが子どもであれば、親がそこにある行動と報酬の結びつきに気づいて、断ってあげればいいのですが、大人では、そうはいきません。自らの理性と意志によって、すでに成立しているオペラント条件付けを解除していくことが必要になります。

その場合に有効なのは「メリット・デメリット分析」です。

お菓子をむちゃ食いするという行動によって得ているメリットとデメリットは何でしょう

か？　それを冷静なときに書き出してみると良いでしょう。

メリット　寂しさを紛らわせることができる
デメリット　太る、吹き出物ができる

さらに、お菓子の食べ過ぎによる血糖値の急上昇（に伴うインシュリンの過剰分泌）は、自律神経の乱れを招きますから、情緒が不安定になったり、睡眠障害に陥ったりするというデメリットも考えられます。

メリット・デメリットを書き出したら、次は「デメリットがない方法」で同じメリットを得ることができないかを考えてみましょう。

そのとき、お菓子をむちゃ食いしてしまうのは何時頃が多いのか、どこにいるときが多いのか「時間帯と場所」を分析してみることも有効です。

たとえば、夜９時頃、お菓子をむちゃ食いしてしまうことが多いのだとしたら、その時間帯に友達と約束をして、ＬＩＮＥやスカイプで話したり、チャットしたりするのはどうでしょうか。寂しさを紛らわせることができるというメリットを享受でき、しかも、太る、吹き出物ができる、情緒が不安定になる、といったデメリットはない行動です。

家にいるときにお菓子をむちゃ食いしてしまうのだとしたら、遅くまで営業している英会話教室に通ったり（近くに通える教室がないとしたら、オンライン英会話を受講しても良いでしょう）、リラクゼーション・マッサージを受けに行ったりするのはどうでしょうか。前述のようなメリットが得られるだけでなく、英会話が身についたり、体調が良くなったりするメリットも加わります。

お菓子をむちゃ食いするという悪習慣をやめる方法として、英会話教室に通うというのは、一見、突飛な発想のようですが、オペラント条件付けの仕組みを理解すると、自然な解決策だとご理解いただけるのではないでしょうか。

深層心理まで掘り下げて考えるのではなく、先行刺激と報酬に着目して、ターゲットとなる行動を具体的に変えていく。これも行動療法の特徴的な考え方の一つです。

第6章では、「古典的条件付け」と並ぶ、行動療法の基盤となる考え方である「オペラント条件付け」について説明しました。

改善したい行動の前と後にどんな先行刺激と報酬があるのかを把握し、デメリットがない別の行動によって同じ報酬を得られないかを考え、実践していく、というのが基本的なアプローチです。

自分がいつの間にか身につけてしまった悪習慣や好ましくない行動パターンを改善するときだけでなく、子育てや部下のマネジメントなどにも役立てていただければと思います。

第7章

不安とどう向き合うか
——「逆制止の原理」と「エクスポージャー」

第5章から第6章にかけて、行動療法のもっとも根本的な原理となっている古典的条件付けとオペラント条件付けについて説明しました。

本書の前半でお伝えしたアーロン・ベックの「抑うつの認知モデル」を拠り所とする考え方は、認知行動療法の中でも、どちらかと言えば、認知療法寄りの部分です。

認知療法でも「行動を変える」ということは重視されるのですが、それはあくまでも認知を変えるためのプロセスという面があります。

たとえば、「私は嫌われているのではないか」と考えてしまいやすい方が、相手と朝会ったときに「おはよう」と言ってみる。それに対して相手も「おはよう」と挨拶を返してくれた、という経験を得ることによって、「嫌われていないかも知れない」「思い過ごしだったかも知れない」などと考え方を少し変えられる。そのために行動を変える、というのが、認知療法的な考え方です。

それに対して行動療法は、ある刺激に対して起こってしまう身体的な反応や取りやすい行動パターンを変えること（適応的な行動を取れるようにすること）自体を目的としている面があります。

このことは、条件付け理論を治療法に発展させた人物であるジョゼフ・ウォルピ（Joseph

Wolpe 1915 - 1997）の考え方を知ることで、より理解しやすくなるかも知れません。

＊ 学習された不安

南アフリカ共和国の精神科医だったジョゼフ・ウォルピは、第二次世界大戦に従軍してPTSD（当時は戦争神経症と呼ばれていました）を患った兵士たちを多く診ることで、それまで行っていた精神分析の効果に疑問を抱くようになりました。

フロイトに代表される精神分析では、意識や無意識といった「目に見えない心の領域」を想定して話が進みます。そこには客観的な指標がないため、治療者の経験や勘に頼らざるを得ないところがあり、治療が効果をあげているのかについての科学的な証明も困難です（また、治療法が普及しにくい、という問題点もありました）。それへの批判として、行動療法が生み出された面があるのです。

ウォルピが試行錯誤を重ねる中で辿り着いたのは、パブロフの理論でした。そして、古典的条件付けを重要な拠り所としながら、不安が起こるメカニズムを次のように定義していきます（誤解を招くことがないよう、やや専門的な言い方をしますが、踏切恐怖症やプレゼン恐怖症の例を添えますので、そちらを併せて読むことで理解してください）。
ごく大まかに言えば、ウォルピは、不安は「誤った学習」から生じると考えました。

①不安は、人が無条件的な恐怖刺激や葛藤を起こす刺激に曝《さら》されるか、古典的条件付けによって学習される。
例１：踏切で悲惨な事故を目撃してから不安を感じる。
例２：プレゼンで上司に厳しく叱られて、落ち込んだ。

②学習された不安は、それが学習された刺激状況に似た状況に汎化（generalization）されたり、さらに高次の条件付けの学習が起こったりすることで複雑になる。
例１：事故現場の踏切でなくても、どこの踏切でも怖くなる。
例２：次に似たプレゼンを担当したときにも、また厳しく叱られるのではないかと考える。

③学習された不安が動因となってさまざまな行動の障害を起こすようになる。
例１：踏切を通ることや警報機の音が聞こえる場所を通るのが怖くて通勤できなくなる。

例2：また叱られる不安が強すぎて、プレゼンの準備に集中できず、寝込んでしまう。

ＰＴＳＤや恐怖症というほどではないとしても、同様の経験は皆さんもお持ちではないでしょうか。

第5章の復習を兼ねて言えば、プレゼンと「人前で恥をかくこと」や「上司から叱責されること」は本来イコールではありませんよね。ところが、それを結びつけて学習してしまう。そして、失敗をして叱られた特定のプレゼンが嫌な思い出になるだけでなく、すべてのプレゼン（あるいは、それに似た機会）が怖くなる。そのために、プレゼンのたびに体調を崩すなど、行動の障害を起こすようになる、というのが、学習された不安のメカニズムです。

一つ補足しておくと、学習された不安は、経験ではなく「情報」によって成立してしまうこともあります。たとえば、悲惨な飛行機事故の話を聞いて以来、飛行機に乗ることが必要以上に怖くなる。それが高じて飛行機に乗れなくなってしまう、というのがそうです。

＊ 不安とリラックスを拮抗させる

ウォルピは、こうした理解に基づいて「系統的脱感作《だつかんさ》」と呼ばれる治療法を確立していくのですが、その中で重要な役割を果たす「逆制止の原理」というものを先に説明しておきましょう。

逆制止の原理とは、ごく簡単に言えば、ある反応が身体で起こっているときに、それと相反する身体の状態をつくり出すことで、反応を制止する、という考え方です。

分かりやすい例で言えば、私たちは不安とリラックスを同時に起こすことはできません。「ナンセンスだからしない」のではなく「できない」のです。不安でいるときにはリラックスしていないし、リラックスしているときに不安であることはあり得ません。

このことは、身体の状態に注目していただくと、より分かりやすくなるでしょう。

不安や恐怖が起こっているとき、身体はどんな状態になっているでしょうか？　全身の筋肉はこわばり、呼吸は浅く、速くなっているはずです。動悸がして、心拍数も上がっていることでしょう。

反対にリラックスしているときには、全身の筋肉は弛緩し、呼吸は深く、ゆったりしたものになっていると思います。心拍数も落ち着いたものになっているでしょう。

こうした相反する状態を同時に起こすことはできない、ということです。


ここで、次のようなことを考えてみてください。

リラックスしているときの身体の状態は、深呼吸などによって、ある程度意識的につくることができますよね。であるならば、不安や恐怖を感じているとき、意識的にリラックスしている状態をつくり出せるようになれば、それを不安や恐怖と拮抗させることができる（完全に打ち消すことはできないまでも、軽減させることができる）のではないでしょうか。

簡単に言えば、これが逆制止の原理です。

ウォルピは、この性質を応用して、誤って不安を学習してしまった患者にリラクゼーション法を習得させ、その上で、不安の対象となっている刺激を提示しながら、同時にリラックスしているときの身体の状態をつくり上げることで不安を除去する治療法を考案しました。

＊ 漸進的筋弛緩法

リラクゼーション法にもさまざまなものがありますが、ウォルピが採用したのは「漸進的《ぜんしんてき》筋弛緩法《きんしかんほう》」と呼ばれるものです（これ自体の考案者はウォルピではありません。エドモンド・ジェイコブソン＝Edmund Jacobsonというアメリカの医学者です）。

漸進的筋弛緩法は、私たちの日常生活にも非常に役立ちますので、皆さんもぜひ覚えておきましょう。

基本的な手順としては、体の各部位に力を入れてから一気に脱力し、その脱力した感覚を味わっていく、ということを繰り返します。

たとえば、両手にギュッと力を入れて、５秒間ほどその状態を保ってみてください。次に、その力をストンと一気にゆるめます。指や手のひらの筋肉がすっかり弛緩している状態になっているのが分かるでしょうか。その感覚をしばらく味わってみてください。それがリラックスしているときの手の状態です。

次に両腕で同じことを試みます。ギュッと力を入れてからストンと脱力し、腕の筋肉が弛

■漸進的筋弛緩法

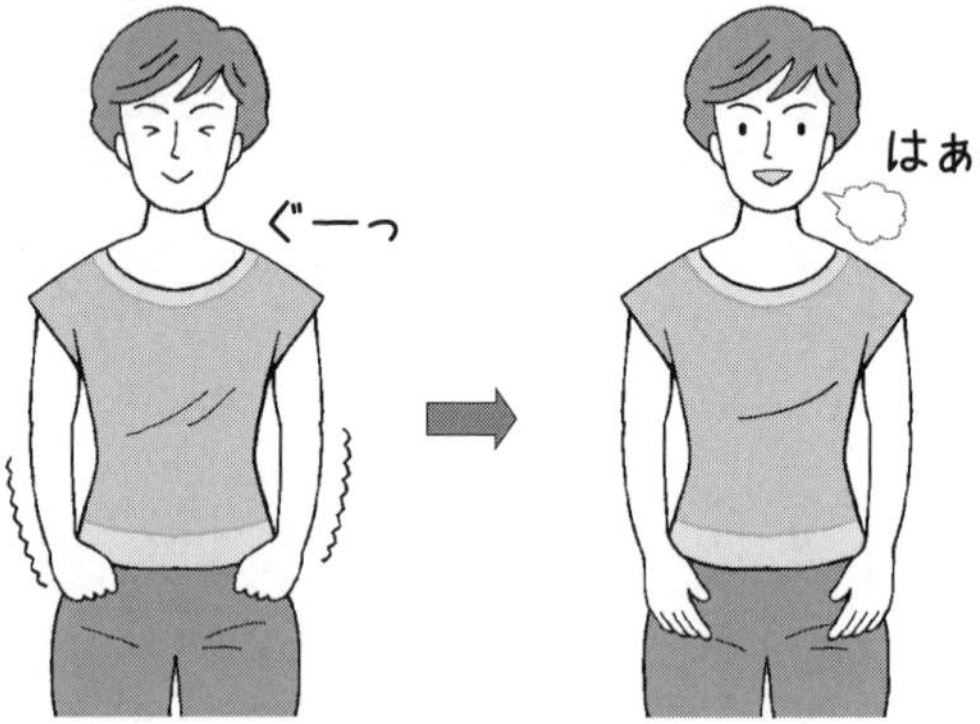

①両腕にギュッと力を入れ、その状態を５秒間ほど保つ。

②一気に脱力し、そのときの感覚を味わう。

緩している状態をしばらく味わってください。

同様にして、両肩──→首──→顔──→背中……というふうに、体の末端から中心へ、各部位に力を入れてから一気に緩め、そのときの筋肉の状態を味わう、ということを繰り返していきます。

なぜ一旦力を入れるのかということについては、こう考えると分かりやすいでしょう。

不安になっている人や緊張している人は「全身の筋肉に力を入れよう」として入れているわけではありません。無意識に力が入ってしまっている状態です。そういう人に「力を抜きましょう」と言っても、そもそも力を入れている自覚がないので、どうすればいいか分からなかったりします。

そういう「無意識に力が入ってしまっている状態」を一旦「意識的に力を入れている状態」に変える。そのために力を入れるのです。そうすることで、全身の筋肉を意識によってコントロールしやすくなります。

漸進的筋弛緩法は訓練法だと捉えていただいても良いかも知れません。一度では難しいと思いますが、前述のようなことを訓練として続けていると、意識的に筋肉をコントロールすることが上手くなり、筋緊張に気づいたときにストンと力を抜けるようになります。

また、これはウォルピの採用したリラクゼーション法ではありませんが、呼吸法も合わせて身につけていただくと良いでしょう。

呼吸法にもさまざまなものがありますが、私がおすすめしているのは、次ページのイラストのような方法です。

まず、鼻から大きく息を吸ってみてください。お腹の風船を膨らませるイメージです。次に一旦止めて、その状態を保ちます。そして、苦しくなる前に口から息を吐き出します。

このときに、息を細く長く、「嫌な気分も一緒に吐き出すこと」を心がけていただくと良いでしょう。お腹がペシャンコになるまで吐ききったら、また鼻から吸って……ということ

■腹式呼吸

吸う 鼻からゆっくりと、大きく息を吸い込む。お腹の風船を膨らませるイメージ。

吐く 口からゆっくりと、細く長く息を吐き出す。嫌な気分も一緒に吐き出すイメージ。

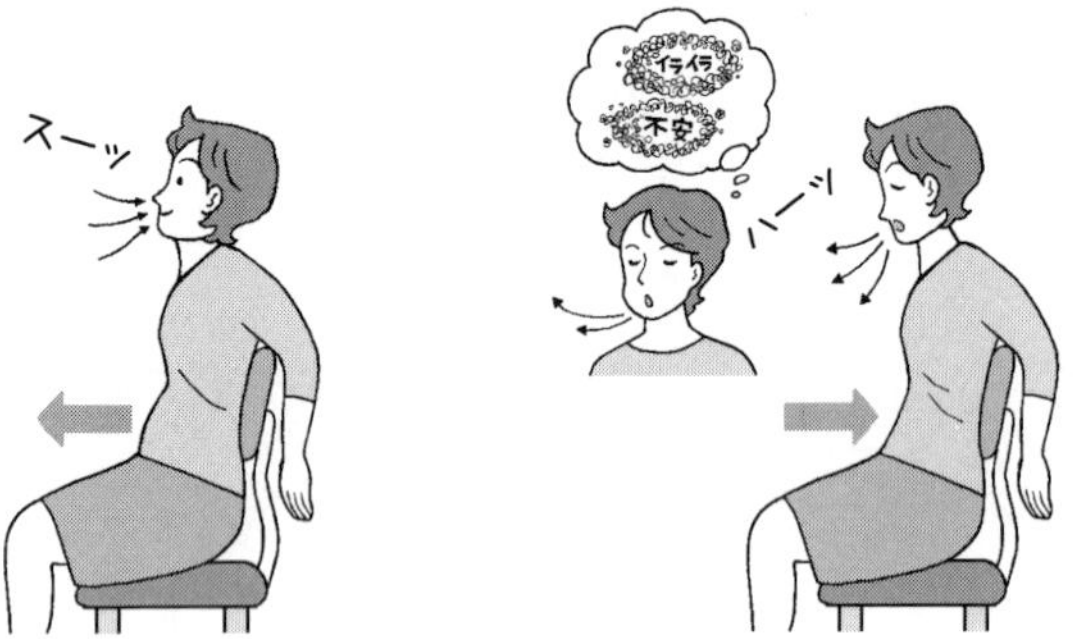

を繰り返します。

私がヨガの指導を受けている先生は「インナーマッスルをマッサージする感じ」とよくおっしゃるのですが、これも分かりやすい表現ではないでしょうか。

不安になっているときや緊張しているときには、自分でも気づかないうちに、せかせかとした胸式呼吸になっています。それを意識的にゆったりとした腹式呼吸に導いていく感じです。呼吸を落ち着かせることができれば、心拍数も落ち着いてきます。

こうしたリラクゼーション法を身につけ、リラックスしているときの身体の状態を意識的につくり出せるようにすることが、ウォルピの系統的脱感作を実行する準備段階になります。

＊　刺激にあえて直面させる

説明の順番が前後しましたが、ウォルピの系統的脱感作の話に戻りましょう。

その核となっているのは「エクスポージャー」と呼ばれる技法です。これは日本では「曝《ばく》露《ろ》法《ほう》」と訳されている通り、患者さんを恐怖の対象となっている刺激にあえて直面させる＝曝露させることを意味しています。

たとえば、誤った学習により踏切恐怖症になっている患者さんにとって、踏切は恐怖の対象です。そこに近づくだけでも怖いでしょう。そういう刺激を回避させるのではなく、直面させることによって、慣れさせていく（大丈夫であることを体で覚えさせていく）のがエクスポージャーです。

もちろん、何の配慮もなく刺激に曝させるわけではありません。その配慮にもさまざまな考え方があるのですが、ウォルピは「不安や恐怖の対象となっている刺激を階層化する」ということを考えました。

たとえば、踏切恐怖症の患者さんにとって、もっとも恐ろしい場面は何でしょうか？　おそらくは「踏切を渡る」ということですよね。それを仮に100の刺激とします。

そういう患者さんは、踏切が見える場所に立つだけでも怖いはずです。それを90の刺激としましょう。もっとも浅いレベルでは、2キロ先の踏切がある方向に家の玄関から一歩踏み出すだけでも、わずかに不安が起こるかも知れません。それを10の刺激とします。

こうして不安や恐怖の対象となっている刺激を階層化し、より浅い階層から順に逆制止によって克服していく、というのが、ウォルピの系統的脱感作の基本的な方法です（ちなみに、脱感作というのは、本来はアレルギー疾患の治療について用いられる言葉です。アレルゲンを最初はごく少量注入し、長い期間をかけて、次第にその量を増やしていくことで、過敏な反応を起こらなくしていくことを指しています）。

2キロ先の踏切がある方向に家の玄関から一歩踏み出したとき、不安や恐怖の反応が起こったとしたら、リラクゼーション法を用いて、逆制止の原理で、その身体の反応を消すことを試みます。

それに成功したら、次は5メートルほど踏切に向かって歩き、そこでまた不安や恐怖の反応が起こったら、リラクゼーション法を用いる……ということを繰り返して、最終的には踏切を渡るときにも、不安ではなくリラックスが生じ、平常心でいられるようにするのです。

こうした系統的脱感作は、一回だけそれを成功させることではなく、踏切に近づいてもリラックスしていられた、あるいは不安が生じそうになっても、その反応を自分で打ち消すことができた、という経験を繰り返すことで、新しい学習を進めていくことに意味があります。

＊プレゼン恐怖を階層化する

系統的脱感作、あるいはエクスポージャーは、あくまでも治療法ですが、その考え方が私たちの日常生活にも役立ちそうであることは、容易に想像がつくのではないでしょうか。

一例として（医学的には恐怖症というほどではない）プレゼン恐怖症にこれを当てはめてみましょう。

まず「不安階層表」を作成します。このとき、最初のうちは、あまり階層を増やしすぎない方が良いかも知れません（実行する気が起こりにくくなるからです）。たとえば、自分がプレゼンに関与する度合いに応じて、次のような階層を設定するのはどうでしょうか。

■「プレゼン恐怖」の不安階層表

プレゼンの場で自分の提案を発表する	100
会場で自分の作成した前回の議事録を配布して、異論はないか、参加者に尋ねる	80
アシスタントとして「資料は行き渡っていますか」と全体に尋ね、返事をもらう	60
自分が資料作成に協力した同僚のプレゼンを座って聞いている	40
自分とは関係のない他人のプレゼンを座って聞いている	20

もちろん、何にどの程度の恐怖を感じるかは人によって違いますから、この通りである必要はありません。自分の恐怖の対象となっている刺激があるとしたら、それを思い浮かべ、場面をできるだけ具体的に想像しながら、納得のいく階層表をつくってみましょう。

階層表ができたら、浅い階層の項目から、その刺激に自分を曝していきます。

他人のプレゼンを座って聞いている場面を想像してみてください。ここで不安や恐怖が起こりそうになったら、リラクゼーション法や呼吸法を用いて、全身の筋肉が弛緩し、呼吸もゆったりとしている状態をつくります。

その階層を何度かクリアできたら、次の階層に進みましょう。自分が資料作成に協力した同僚のプレゼンを座って聞いているときにはどうでしょうか？　「資料に問題があると思われないだろうか」などと考えてしまい、もう少し不安や恐怖を感じるかも知れませんね。そのときには、またリラクゼーション法や呼吸法で、身体がリラックスしている状態をつくり、不安や恐怖を緩和します。

そういうことを繰り返しながら、最終的には「プレゼンの場で自分の提案を発表する」ときにも平常心でいられるようにすることを目指すのです。

大切なことなので繰り返しますが、誤った学習が成立してしまっているとき、それを「頭の中で考え方を変えるだけ」で解除することはできません。「実際にリラックスしていることができた」「大丈夫だった」という経験を積み重ね、その刺激に対する身体的な反応を学習し直していくことが大切です。

もちろん、仕事ですから、自分の都合でこの通りに行うのは難しいでしょう。しかし、こうしたアプローチを覚えておくと、同僚のプレゼンに出席したり、アシスタントとして参加させてもらったりする機会を得ることに意義を見出しやすくなるのではないでしょうか。

今日、エクスポージャーも進化していて、必ずしも浅い階層の刺激からではなく、いきなり患者さんがもっとも恐れている刺激に曝露させる技法（フラッディング）なども考え出されているのですが、ウォルピの系統的脱感作の考え方を知ることで、私たちが不安にどう立ち向かえばいいのか、行動療法ではそれをどう考えているか、ということが分かりやすくなるのではないでしょうか。

ちなみに、本書では割愛しますが、ウォルピと並んで、行動療法の確立に大きな貢献があったとされる人物に、ドイツ生まれでイギリスに帰化した臨床心理学者ハンス・アイゼンク（Hans Jürgen Eysenck 1916 - 1997）がいます。

アイゼンクも、不安障害（当時は神経症と呼ばれていました）は「誤った行動パターンの学習」によって形成される、という考え方に基づき、適応的な行動パターンの再学習による治療を試みました。

ウォルピもアイゼンクも、それまでの精神分析への懐疑から、パブロフやスキナーの条件付け理論に注目するようになった点が共通しています。

そして、この二人の活躍により、治療法としての行動療法が確立されていくのです。

次章からは、それをさらに発展させた考え方であるパニック障害と社交不安障害の治療モデルを示しながら、不安障害に認知行動療法がどう対処しようとしているかを紹介していきましょう。

どちらの疾患も、本人がそれと気づかずに罹患《りかん》しているケースがよくあるだけでなく、より浅いレベルに引き戻して考えれば、誰にとっても無縁とは言えない問題です。

第7章　不安とどう向き合うか
――「逆制止の原理」と「エクスポージャー」

第8章

回避が不安を大きくする
——「パニック障害」へのアプローチ

パニック障害や社交不安障害の治療は、認知行動療法の得意分野です。

昔はどちらも「不安神経症」と呼ばれる一つの疾患だったのですが、1980年にアメリカ精神医学の基準が適用され、不安障害は、うつ病をはじめとする気分障害、拒食症や過食症に代表される摂食障害などと並ぶ精神疾患の大きなカテゴリーと位置づけられ、その不安障害の一種としてパニック障害や社交不安障害がある、という分類になりました。


パニック障害は、動悸や発汗、震え、息苦しさ、目眩《めまい》などの発作を伴う不安障害です。うつ病と併発することの多い病気としても知られています。近年では、元プロ野球選手でタレントの長嶋一茂さん、歌手の円広志さんなど、芸能人でもパニック障害であることを公表する方が増えてきました。

あまりにもショッキングな場面に遭遇したり、深刻な葛藤を強いられたりしたために、パニック状態に陥るのは、誰にでもあり得ることです。しかし、それはもちろん疾患ではありません。

パニック障害の患者さんは、そうした直接的な原因がないときに、不意にパニック状態に陥ることを経験します（一説には、脳の危険を察知する器官である扁桃体が興奮しすぎるためと言われています)。

皆さんの身近にも「いつパニック発作が起こるか分からないから、恐ろしくて電車に乗れない、公共の場に行けない」という方がいらっしゃるかも知れません。こうした恐怖は、経験がない人にはなかなか理解されにくいものです。それゆえに、仕事をしない口実のように思われたりして、さらなる苦しみを味わっている患者さんも多くいらっしゃると推察されます。

しかし、パニック障害の患者さんにとって、その発作は「自分がどうなってしまうか分からない」「死んでしまうかも知れない」と思える恐ろしい経験です。そして、それを強く恐れることが、繰り返される発作の原因にもなるという悪循環に陥っています。

＊ パニック発作はどのように起こるか

イギリスの臨床心理学者であるデイビッド・M・クラーク(David M, Clark 1954－)は、そのメカニズムを次のようなモデルで示しました。

不意に起こるパニック発作を経験した患者さんは「発作が再び起こるのではないか」とい

■クラークによる「パニック発作の認知モデル」

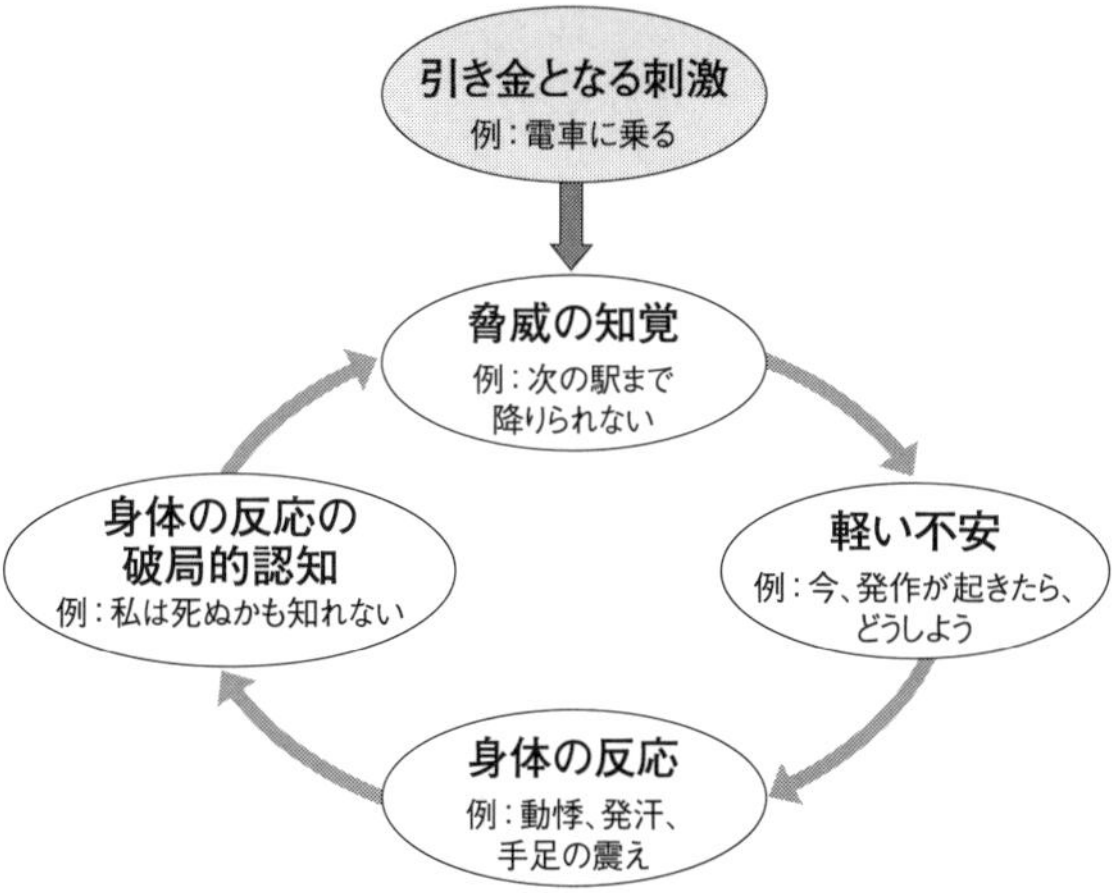

うことを強く恐れるようになります。これが「予期不安」と呼ばれるものです。そして、実際に発作が起こる、ということを繰り返すうちに「発作が起こったときに逃げられない場所にいること」を恐れるようになります。

上図のモデルは「電車に乗ること」が恐怖の対象になっているケースです。

そういう患者さんの場合、まず、電車という「自分のタイミングで停まれない、閉ざされた空間」にいることを知覚します（脅威の知覚）。そして、「この電車の中でパニック発作が起こったらどうしよう」などと思いはじめるのです。

それによって、身体にも変化が現れます。心臓がドキドキして、脂汗も滲み出てくるかも知れません。そうした身体の変化に対して、パニック障害の患者さんは「まずい、このままでは本当に発作が起こってしまう。そして、この息苦しさ……私は死ぬかも知れない！」とまで考えてしまいます（破局的認知）。

その認知によって、ますます動悸は激しくなり、手足が震えはじめ、その身体の変化をまた破局的に認知して……という負の連鎖によって、パニック発作に至ってしまうのです。

このモデルの中で、自分の身体に起こった反応を破局的に解釈することが、さらなる不安や恐怖を招く要因になっていることに注目してください。

これに近い経験は、パニック障害の患者さんでなくても、多くの方が持っているのではないでしょうか。たとえば、結婚式や会社の朝礼など、人前で話をしなければならないときに、緊張して声が震えたり、スピーチの内容を全部忘れて頭の中が真っ白になったりしてしまう場合がそうです。

「完璧なスピーチをしなければならない」といった考えが強すぎることで、自分が評価される人前という場面が怖くなります。このときに身体は、血流もエネルギーも総動員して、何とか良いスピーチを行おうとするでしょう。

その結果、どうしても胸はドキドキしますし、顔は赤くなります。冷や汗もかくかも知れません。そうした身体の準備態勢に対して、「よし、良いスピーチをするために身体が準備している」と認知すれば、スピーチに集中しやすくなるでしょう。

しかし、「やばい、緊張してきた。こんな赤面で声が震えている情けない姿を曝してしまったら、変だと思われる」と認知すれば、緊張はさらに昂じ、頭の中は真っ白になり、最悪の場合にはスピーチどころではなくなってしまうかも知れません。

このように、私たちが自分の身体の状態をどう解釈するかということは、不安や恐怖、あるいは緊張といったものが昂じていくときの大きな要因になり得ます。

＊　不安や恐怖は感情ではない

さらに余談を続けますが、私たちがしばしばとらわれる不安や恐怖とは何でしょうか？

それは「感情ではない。身体の反応に過ぎない」とまで言い切る学説もあります。単に心拍数が上がったり、呼吸が速まったり、筋肉がこわばったりしている身体の反応に「不安」や「恐怖」などというラベルを付けて解釈しているに過ぎない、というのです。

こうした反応は人間だけに起こるものではありません。多くの動物に見られる自然な反応だと言えます。

たとえば、天敵であるネコが目の前に現れたネズミなら、危険を察知して、ネコと戦うか、それとも素早くその場から逃げるか、ともかく何らかの行動を起こすための準備に入るでしょう。これを「闘争・逃走反応」と言います。そのための身体の準備が、心拍数を上げ、呼吸を速め、筋肉をこわばらせることになるわけです。

ネズミはこの反応を「私は今、不安と恐怖でいっぱいになっている。このままではパニック発作を起こしてしまう！」などと解釈したりしません。ましてや「ネコに出会ってしまったら、パニック発作を起こしてしまいそうだから、ネコが起きている時間帯は外に出られない」などと悩んだりはしないでしょう。ただ、身体に起こる反応に余計な解釈を与えず、その場の状況を把握しながら、ネコと戦うか逃げるかを判断するだけです。

人間もこんなふうにシンプルに振る舞えたら、不安障害という病気もなくなるのかも知れませんね。

＊苦手なことを避ける——→恐怖の対象になる

パニック障害に話を戻しましょう。その治療は、１７３ページのようなモデルを患者さんと共有し、発作のメカニズムを理解してもらうことから始まります。

パニック障害の患者さんは、多くの場合、自分がなぜ、どのようにして、こうした発作を繰り返しているのかを自覚できていません。その「分からない」ということがさらなる恐怖を生じさせているので、そこを解きほぐすように説明するのです。

その中で、身体の反応を破局的に認知することは間違いであり、「これだけ不安になれば、心臓がドキドキするのは当然だ」などと解釈できるようになれば、パニック発作の悪循環から抜け出す一歩となることも伝えます。

こうした心理教育の次のステップとして行われるのが、前章でご紹介したエクスポージャーです。つまり、電車に乗るなど、患者さんが恐れている場面に直面させ、それでももしパニック発作が起こったとしても「死ぬことはない」ということを経験してもらいます。

治療のアプローチとしてエクスポージャーが有効なのは、「恐れている刺激や場面を回避させること」が、症状の悪化や慢性化につながるためでもあります。

たとえば、「私は各駅停車にしか乗れません。もし快速電車に乗ってしまったら、パニック発作が起きても途中では降りられないから」という人がいたとしましょう（実際によくあるケースです）。そして、快速電車への乗車を避けつづけることで、パニック発作を起こさずに生活できているとします。

それで表面的には上手くいっているように見えるかも知れませんが、その方の中では、次のような認知の変化が進んでいる場合が多いのです。

「私は快速電車ではなく、各駅停車に乗ったから安全だったんだ」

←

「快速電車に乗ってしまったら、恐ろしいパニック発作が起こるに違いない」

回避行動を続けることが「快速電車に乗ること」と「恐ろしいパニック発作が起こること」をより強く結びつける学習になっていることがお分かりいただけるでしょうか。

こうしたことは、パニック障害の患者さんでなくても、多くの方が経験されているのではないかと思います。最初は「何となく苦手」という程度だった機会、あるいは人を避けつづけているうちに、「避けたから無事で済んだ」――→「避けなければ大変なことになるに違いない」というふうに、その機会や人物がより強い不安や恐怖の対象となってしまう……。私たちはしばしば、自分でも気づかないうちに、そうした誤った学習を進めてしまっているものです。


快速電車に乗れないパニック障害の患者さんに、

「パニック発作で死ぬ人はいません。動悸や息苦しさを感じるかも知れませんが、それを『大変なことになるに違いない』と破局的に解釈することによって、余計に身体は緊張して、パニック発作の症状は続くんですよ」

などと言葉で説明し、頭で理解させても、おそらく急に快速電車に乗れるようにはならないでしょう。というのも、不安や恐怖といった感情は、人間が太古から持っている、生き延びるために不可欠な「危険」を知らせる重要なシグナルだからです。

そのため、理屈だけではなかなか解決しません。「実際に体験して、安全であると身体で覚えること」のみが効果を上げます。
電車に乗れなくなっているパニック障害の患者さんに実際にどのようにエクスポージャーを進めていくかについては、個々の状況により一概には言えないので説明を省きますが、ここでは、パニック発作が起こるメカニズムを理解してもらい、その上で、エクスポージャーを進めていく、というのが基本的なアプローチであることを覚えておいてください。

また、本章で挙げた、

・身体の変化を破局的に解釈することが、不安や恐怖を昂じさせる
・ある機会を回避しつづけることで、その機会がより強い不安や恐怖の対象になる

というポイントは、次に解説する社交不安障害でも共通しています。

次章では、昨今、社会問題となっている「社会的ひきこもり」とも親和性が高いとされる、社交不安障害に対する認知行動療法のアプローチを示していきましょう。

第9章

人前で何かをするのが怖い

——「社交不安障害」へのアプローチ

人と関わることが怖い、人前で何かをすることに対する不安が強すぎて、社会参加をすることができない……。そのために「社会的ひきこもり」と呼ばれる状態になっている大人が、若者だけでなく、中高年にも広く見られるようになっています。

社会的ひきこもりという言葉は、精神科医である斎藤環さんによる造語で、それ自体は病気ではありません。しかし、その背景には、何らかの不安障害、あるいは、それに近い傾向が関わっているとも推察されます。

なかでも親和性が高いと考えられるのが社交不安障害です。

社交不安障害は、以前は「社会恐怖」「社会不安障害」と呼ばれていました。

会社や学校、地域社会などの社会的な場に参加することや、そうした場面で社会的な行為（人前で話す、目上の人と話す、人前で字を書くなど）を行うことに対して過剰な不安を抱き、それらを極端に避けたり、できなくなったりする不安障害の一種です。

特に病気というわけではない人でも、人前で何かをするときには、不安になったり緊張したりするものですが、場数を踏めば、慣れてくるのが一般的ではないでしょうか。

ところが、社交不安障害の方は、動悸、震え、赤面、発汗といった身体の反応が著しく、ひどい場合にはパニック発作を起こしてしまうため、社会的な行為に慣れることがなかなかできません。そのために、生活に重大な支障を来している場合に、社交不安障害であると診断されます。

アメリカ精神医学会による調査によれば、生涯有病率は3〜13％とかなり高く、また、それと気づかずに罹患している方も多いと考えられる疾患です。

社交不安障害の患者さんは、さまざまな社会活動で苦労を強いられますが、日本において特に多い困りごとは、以下のような行為だと言われています。

・人前でスピーチすること
・結婚式やお葬式などで芳名帳に名前を書くこと
・誰かと一緒に食事をすること
・人から注目されるような舞台にあがったり、カメラの前に立ったりすること

もっとも多いのは「人前でスピーチすること」で、社交不安障害の中でも「スピーチ不

安」として特筆されることもあります。しかし、これについては専門的な研究が多くなされているので、本書では二番目に多い「結婚式やお葬式などで芳名帳に名前を書くこと」に焦点を当てることにしましょう（基本的な治療のアプローチは、スピーチ不安の場合と同じですので、スピーチで困ることが多いという方は、そちらに置き換えて読んでみてください）。

＊人前で字を書くときに手が震える

昨今はパソコンが普及し、字を手書きする機会自体があまりないのでは、と思われる方も多いかも知れません。しかし、実際にこの問題で悩んでいる方々にお話をうかがうと、回覧板のサイン、店舗でのメンバーズカード等の記入、カードで買い物をしたときのサイン、宅配便などの受け取り、会社の書類、子どもの入園・入学の書類など、日常生活の中には、まだまだ自筆しなければならない場面があふれていることを再認識させられます。

こうした場面で、人知れず困っている方は多いものです。

「人前で字を書くとなると、震えてミミズが這うような字になってしまうんです」

とおっしゃる方もいますし、

「自宅に持ち帰って心を落ち着ければ、何とか書けます」

という方もいらっしゃいます。

こうした理由から署名を断っている方も一定の割合でいらっしゃるのではないでしょうか。まさかこれが不安障害の一種とは思わずに悩んでいる方も多いと思います。

＊ 社交不安障害のメカニズム

認知行動療法に新たな観点を加えて社交不安障害のモデルを考えたのは、イギリスの臨床心理学者であるデイビッド・M・クラーク（前出）とエイドリアン・ウェルズ（Adrian Wells 1962－）です。

結婚式に参列し、受付の人の目の前で芳名帳にサインをする場面（社会的状況）を思い浮かべてください。こうした場面を恐れる人には「俺は元々出来が悪い」など、自分の能力に関するネガティブな信念を持っている傾向があります。そのために人前で字を書く際にも「過去のこうした場面でも上手く字を書くことができなかった」と失敗経験を思い出すなどして、ネガティブな結果を予想してしまうのです。

■クラークとウェルズによる「社交不安障害の認知モデル」

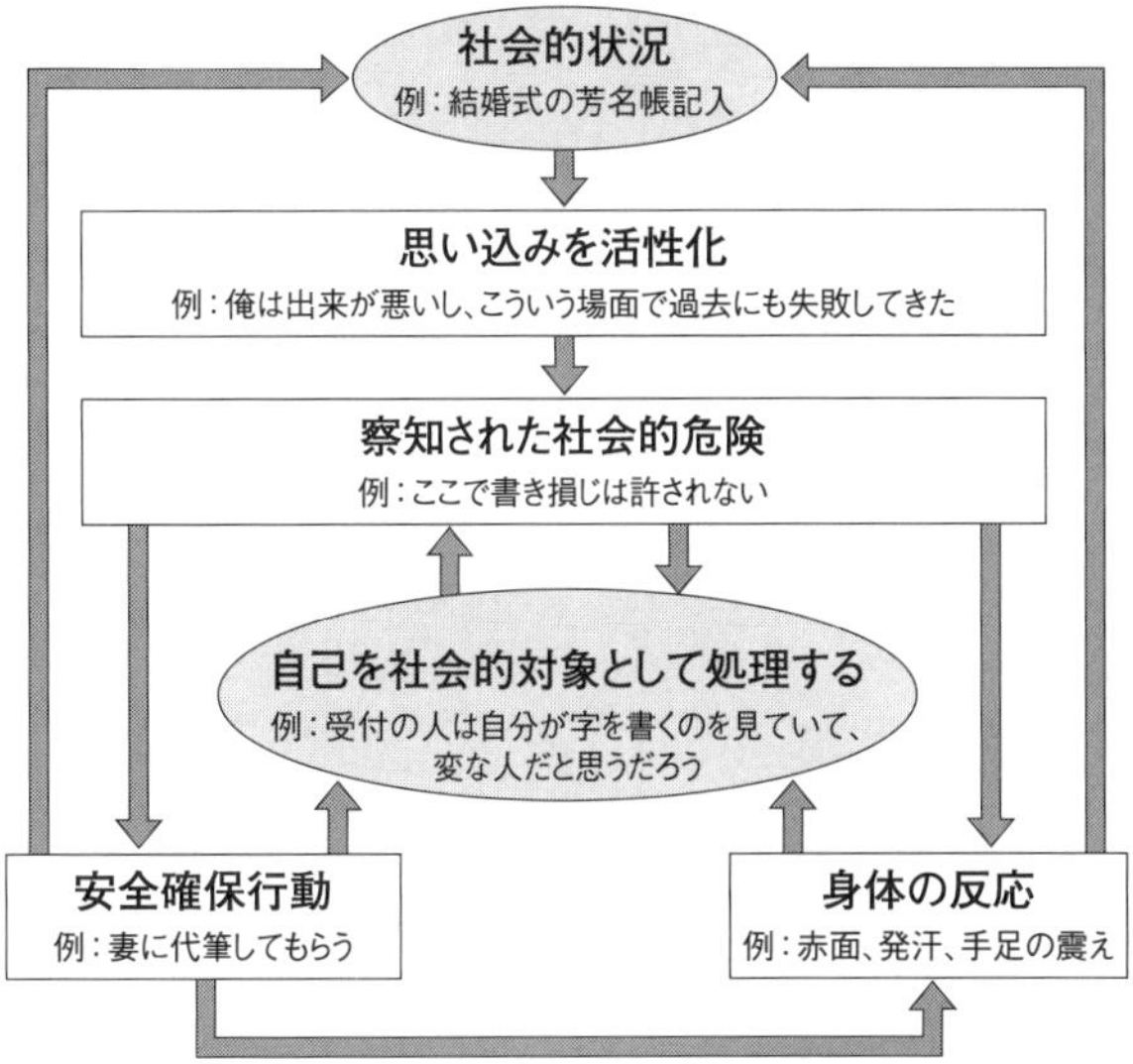

ここで、第１章で示したアーロン・ベックの「抑うつの認知モデル」を思い出していただいても良いかも知れません。

場面ごとに自動的に思い浮かんでしまう考えを「自動思考」、その根底に横たわっている、その人がいつも持っている思い込みを「信念＝スキーマ」と言うのでしたね。それになぞらえて言うなら、このモデルの場合には「俺は元々能力が低い」という信念を持ち、人前で字を書く場面でもネガティブな結果を予想するという自動思考が起こってしまう、ということになります。

ここまでが、結婚式に参列して芳名帳にサインする場面に遭遇する前から持っていた「人前で字を書くこと」に関する思い込み（認知の歪み）です。

こうした思い込みを持っている方は、そのフィルターを通して世界を見ようとしてしまいます。

本来、結婚式の受付で芳名帳にサインするという場面は、危機的状況ではありません。仮にそこで書き損じたとしても、周囲の人は気にも留めないでしょうし、もし気に留めたとしても、すぐに忘れてしまうでしょう。ポジティブな信念をお持ちの方なら「ここは私の美文字を披露する絶好の機会だ」などと捉えるかも知れません。

ところが、書字に関するネガティブな信念を持っている方は「ここで書き損じは許されないぞ」と解釈し、芳名帳にサインする場面を「社会的危険」として察知してしまうのです。

＊自己を社会的対象として処理する

クラークとウェルズのモデルが特徴的なのは、ここに「自己を社会的対象として処理する」という段階を想定している点です。

つまり、他人の目から見た自分を意識して「受付の人は自分が文字を書くのをじっと見ていて、変な人だと思っている」とか、もっとひどい場合には「私が書くミミズが這うような字を見て、怪訝な表情をするだろう」などと考えてしまう、いわゆる自意識過剰な状態です。

こうなってしまうと、ただ「人前で字を書く」という簡単な行為に過剰なプレッシャーがかかるようになります。手は震えはじめ、顔は赤くなり、冷や汗もかくかも知れません。

こうした身体反応をまた過剰に意識して「汗で芳名帳が濡れてしまう。これを受付の人に見られたら、変だと思われる！」とか「手が震えている。おかしな人だと思われる！」などと認識することで、ますます緊張が高まり、発汗し、さらに焦って……という悪循環に陥ってしまうわけです。

このとき、緊張に耐えきれず、一緒に参列していた妻などに「代わりに書いてくれ」と頼めば、その場はしのぐことができるでしょう。

しかし、これまでお伝えしてきた通り、こうした回避行動（クラークとウェルズのモデルでは「安全確保行動」と表現されています）は、長い目で見ると、不安や恐怖を増大させ、次回に人前で字を書くことをより困難にすると考えられます。

「妻に代筆してもらったから、安全にやり過ごすことができた」
←
「自分で書かなければならない場面に遭遇したら、とても太刀打ちできないだろう」
という誤った学習を進めてしまうからです。

＊　不安にまつわる治療は「論より証拠」

実際に社交不安障害の患者さんを治療する場合には、このモデルのうち「自己を社会的対象として処理する」の部分を修正することが重視されます。つまり、他人の目を通した自己像の歪みを改善していくのです。

その方法としては、自分が記帳している場面を録画してもらい、受付の人の視線や表情を確かめる「ビデオ・フィードバック」と呼ばれる方法がよく用いられます。

私も講演などを行った際、その様子を録画したものを後で見せていただくと、来場された方々の多くは資料に目を落とすなどしていて、「誰も私の一挙手一投足になんて注目していないな」という認識を新たにすることがありますが、次々に参列者が訪れる結婚式の受付などでは、もっとそうでしょう。

参列者は他人の書字や仕草をいちいち注視していないでしょうし、受付の人は、席次表を手渡す準備や祝儀袋の整頓などで忙しく、芳名帳のサインにどんな字が書かれているかまで気に留めてはいないでしょう。ビデオで撮影されたものを見ると、そうしたことがよく分かると思います。

認知行動療法のあらゆる治療に共通して言えることですが、不安にまつわる問題の解消は特に「論より証拠」。社交不安障害の場合にも「人目を気にしすぎですよ」などと言葉で説明されるよりも、実際に見て確かめるのがいちばんです。その結果「自意識過剰だったかも知れないな」と思うことができれば、それが社交不安障害を改善する大きな一歩になります。

また、リラクゼーション法を身につけることも有効です。

第7章で、逆制止の原理を説明する中でご紹介した漸進的筋弛緩法や呼吸法を思い出してみてください。筋肉や呼吸などに見られる不安の反応を自分でコントロールして、リラックスしているときの状態に近づけることができれば、過剰な不安を適切なレベルまでコントロールできるようになります。

字を書く際にも、手の震えや発汗を最小限に抑えられることで、身体の反応ではなく、書くこと自体に意識を集中できるようになり、結果的に上手い字を書きやすくなるでしょう。

ここでも重要なのは「頭で考え方を変えるだけ」ではなく、実際にそういう場面で「大丈夫だった」「上手く乗り切ることができた」という経験を積むことです。

＊ミミズが這うような字になったとしても世界は終わらない

そのためにも、妻に代筆を頼むといった安全確保行動（回避行動）は、思い切ってやめなければなりません。

第7章で解説した不安階層表をつくり、その中のもっとも浅い階層からでもかまわないので、エクスポージャーを試みます。たとえば、人前で字を書くという行為の中でも「見ている相手が一人であれば、不安になりにくい」のであれば、そういう場面で字を書く機会をできるだけ増やし、上手く乗り切れた経験を積み重ねていくと良いでしょう。

仮にそれで上手い字を書けなかったとしても、ほとんどの場合は笑われたりしませんし、ミミズが這うような字になってしまったとしても、世界が終わったりはしません。そのことをエクスポージャーにより経験し、体で覚えていくことが大切です。

冒頭でお伝えした通り、社交不安障害のメカニズムは、社会的ひきこもりに至るメカニズムにも通じていると推察されます。

字を書くことに限らず、長年社会的な行為を避けていると、実際以上に何でも恐ろしく思えたり、「誰もが自分に注目していて、変だと評価してくるのではないか」という極端な思い込みにとらわれやすくなったりするものではないでしょうか。

遺伝的な性質として、そういう状態に陥りやすい素因を持っている方もいらっしゃるとは思いますが、これはおそらく、社会的な行為を避けていれば、誰にでも起こることです。

特に現代では、自分で欲しいものを買いに出かける代わりにネットで購入できますし、チャットやSNSなどで簡単に孤独感を解消することができます。これらが社交不安障害のモデルでいう安全確保行動になってしまっている場合がないでしょうか？

そうした生活を続けた結果、社会的な行為に過度な不安を抱くようになってしまっているとしたら、どのように「自己を社会的対象として処理する」の部分を改善すれば良いか、どのようなエクスポージャーを進めることが有効か、ぜひ本章を参考に考えてみてください。

第10章

怒りとどう向き合うか（分析編）
――「アンガーマネジメント」の考え方

不安や恐怖と並んで、私たちが振り回されることの多い感情。それは「怒り」ではないでしょうか？

かくいう私自身は、日頃はわりと穏やかな性格で、怒りという感情があまり湧かないタイプですが、それでも朝、急いで出かけなければならないときや、夕方、仕事を終えて疲れて帰ってきたときなどにトラブルが発生すると、つい頭に血が上った状態になってしまうこともあります。

それは一つには、怒りは自分の処理能力を超えている状況で発生しやすい感情だからです。

パソコンでも、いくつものソフトを同時に稼働させようとすると、メモリ不足に陥って、フリーズしてしまうことがありますよね。怒りが発生しやすい状況は、それと似ています。

皆さんも、ついカッとなってしまった場面を思い出してみてください。それは「時間的・体力的に余裕がなかったとき」が多いのではないでしょうか？　そして、怒りに駆られた行動を取ってしまったために、状況がさらに悪化する……。

そうならないようにするためには、仕事術としてよく言われているように、今、自分が何をしなければならないのかを冷静なときに書き出して「見える化」し、優先順位をつけて、一つずつ処理していく習慣を持つことが大切です（あれもやらなければ、これもやらなければ、と頭の中で思っている状態が脳の負担を増やします）。

また、こまめに休憩をとって脳と体を休めたり、入浴やストレッチなどによって血行を良くし、ストレスを解消しておいたりするのも、怒りで非合理的な行動を取らないようにするために大事なことですよね。

さて、ここまでは、怒りを予防するための一般論です。それでも怒りが湧いてしまうときには「アンガーマネジメント」と呼ばれる方法を試みていただきたいと思います。


アンガーマネジメントは、その名の通り「怒りを管理する技術」です。近年は、パワハラを防止するためのプログラムとして採用する企業も増えていますし、元サッカー日本代表選手で、タレントとしても活躍されている前園真聖さんが取り組んでいることでも話題になったので、名前は聞いたことがある、という方が多いのではないでしょうか。

アンガーマネジメントのアプローチには、本書でこれまでに解説してきた認知療法的な考え方、行動療法的な考え方が随所に含まれています。

本書全体の復習も兼ねながら、一つずつ説明していきましょう。

＊怒りは二次感情である

まず、大前提として知っておいていただきたい考え方があります。

「怒りは二次感情である」と言われているのをご存じでしょうか？

この説を唱えたのは、オーストリア出身の精神科医アルフレッド・アドラー（Alfred Adler 1870 - 1937）です。アドラーは認知行動療法と直接関係のある人物ではありませんが、フロイトやユングと並んで心理療法というジャンルそのものを創始したとされる人物で、認知行動療法もアドラー心理学の影響を受けている面が多分にあります。

ごく簡単に言えば、人は不安や恐怖、嫉妬、寂しさ、無力感、自己嫌悪など、自分の中に受け入れがたい「一次感情」があるときに、それを隠すように怒る、というのがアドラーの考え方です。

たとえば、幼い子どもが危険な行動を取り、ヒヤッとさせられた（恐怖を感じた）親が「危ないじゃないの！」と言って怒る、というのが分かりやすい例ですが、ここではもう少し日常的で微妙なケースを考えてみましょう。

■怒りは二次感情

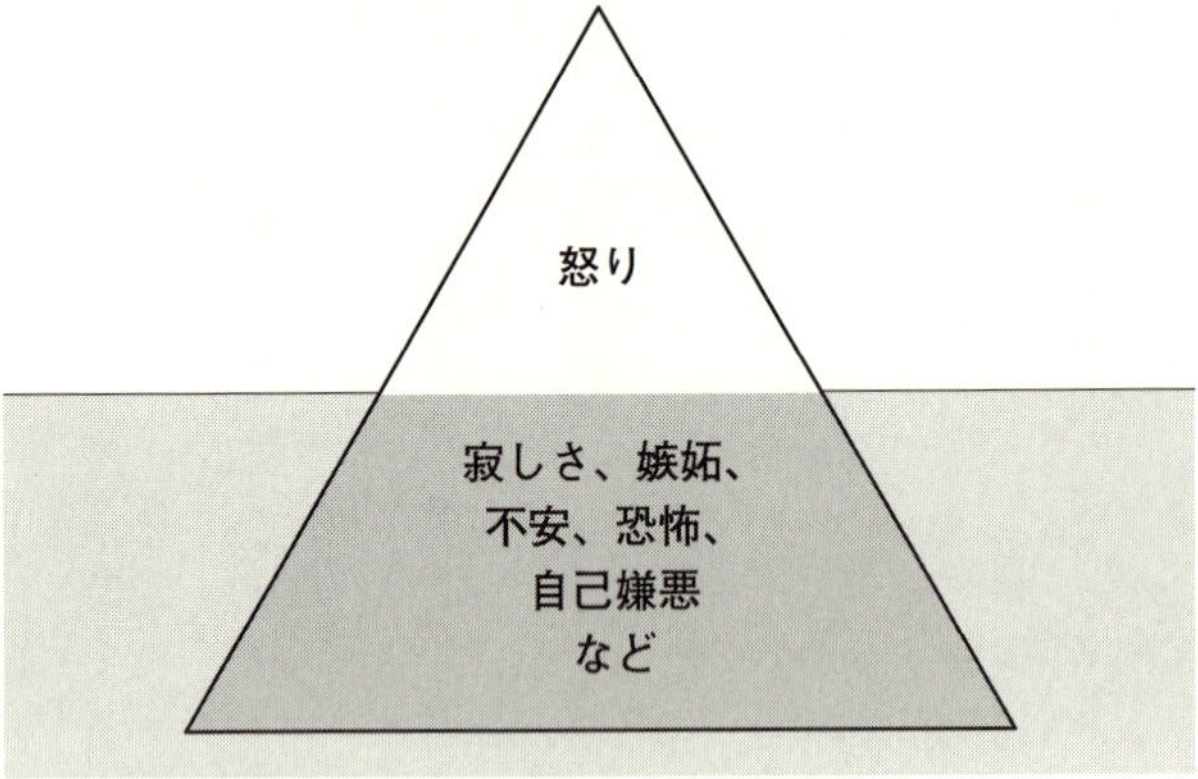

異性のパートナーと部屋で過ごしているときに、彼女（彼）がスマホに夢中になっている状況を想像してみてください。ちょっとイライラさせられるかも知れませんね。

このときに、本当は「こっちを向いてほしいのに」といった寂しさや「スマホで誰とやりとりしているんだろう？」といった嫉妬の感情が湧いてしまったとします。

こうした感情を素直に認めるのは、なかなか難しい場合があるかも知れません（特に男性はそうではないでしょうか）。そういう認めがたい一次感情があるときに、

「俺といるときにスマホばかり見るな！」

などと怒鳴ってしまう、というのが二次感情と

しての怒りです。

激高しやすい方であれば、彼女からスマホを取り上げて床に叩きつける、といった行動に出てしまう場合もあるかも知れません（パワハラやDVと見なされかねない行為です）。

一次感情としてある寂しさや嫉妬が強いほど、怒りは激しいものになると考えられます。

このように「怒りという感情よりも前にあった感情に目を向ける」というのが、アンガーマネジメントの大前提となる考え方です。そして、二次感情である怒りにとらわれることなく、一次感情を解消することを目指していきます。

＊怒ることで何を得ようとしていたか

ここからが認知行動療法に基づく考え方です。

自分の中に受け入れがたい感情があるときに怒る、という行動を繰り返している人は、その結果、何らかの報酬が得られる、という仕組みを学習しているのかも知れません。

第6章で解説したオペラント条件付けを思い出してみてください。人がある行動を繰り返すのは、その行動によって、何らかのメリットを得られることを学習したから、というのが、オペラント条件付けの基本的な考え方でしたね。

前述のようなケースで、パートナーを怒鳴る、スマホを取り上げる、といった行動を繰り返しているとしたら、それによって得ようとしているメリットは何でしょうか？

それは次のように分析できるかも知れません。

メリット
- 自分にとって不快な行動を取らせないようにすることができる。
- 相手を支配することができる。相手よりも優位に立てる。
- 威厳を保つことができる。

一度、怒ることによって、こうしたメリットを得られることを学習した人は、その行動を繰り返すようになると考えられます。

しかし、次にこう考えてみてください。

これらのメリットは、寂しさや嫉妬といった一次感情を解消することにつながっているでしょうか？

一時的にはつながることもあるかも知れません。しかし、怒鳴ることや暴力的な行為で自分を思い通りに動かそうとする人に対して、自分がどんな印象を持つかを想像してみれば分かる通り、こうした怒りの表現は、長期的に考えれば、人間関係の良好さやパートナーからの愛情を損なうものである可能性が高いはずです。だとすれば、怒りを行動化することによって得ようとしていたメリットは、本質的なメリットにはなっていません。

このように、怒りという感情は（二次的なものであるがゆえに）私たちが本当に得たかったものを見失わせ、メリットよりもデメリットの方が大きい行動を取らせることがよくあります。

そのことに気づくのが、アンガーマネジメントの第二段階です。

＊怒りを生み出している「認知の歪み」

ここで、このように思われる方もいらっしゃるかも知れません。

「パートナーと一緒にいるときにスマホばかり見ているなんて、怒って当然じゃないか。もっとパートナーと過ごす時間を大切にするべきだ」

これはまったくの正論です。しかし、その正論の中に「認知の歪み」が含まれているかも知れないことを少し省みていただければと思います。

第3章で紹介した典型的な推論の誤りを思い出してみてください。この中で特に怒りの発生につながりやすいのは「すべき思考」です。

一旦、スマホに夢中になっているパートナーに怒りを感じている例を離れて、ありがちな例で復習しておきましょう。

「後輩はもっと先輩を敬うべきだ」

「店員はお客様を大切に扱うべきだ」

「男は弱みを見せてはならない」

「他人に迷惑をかけてはならない」

など「～すべき」「～しなければならない」といった言葉で表現される考え方への固執が「すべき思考」です。

その内容はいずれも道徳的に正しいことである場合が多いのですが、それにこだわるあまり、融通が利かなくなり、いつもイライラしていたり、自分を責めていたりする。さらに、そのために他人と衝突することが多かったり、本人が抑うつ症状に陥ってしまったりしている場合には、そこに認知の歪みがあると考えて、修正を試みる必要があります。

その修正法として有効なのは、第3章でも紹介した「must→better技法」です。

再びスマホに夢中になっているパートナーに怒りを感じている例に戻って考えてみましょう。

「もっとパートナーと過ごす時間を大切にするべきだ」

という部分を、

「もっとパートナーと過ごす時間を大切にする方が良いのになぁ（でも、価値観は人それぞれだし、彼女にもスマホで誰かとやりとりする権利はあるのだから、仕方がない）」

というくらいの表現に修正することはできないでしょうか。

思考の内容までは変える必要はありません。ただ、その表現を少しゆるやかなものにしてみようと試みるのです。それだけでも、パートナーに対する怒りは和らぐと思います。


また、怒りを発生させている認知の根底に、どんな信念が横たわっているのかを分析してみることも有効です。このケースの場合、たとえば、

「妻は夫に従うべきだ」

といった服従に関する信念を持っているために「夫を蔑《ないがし》ろにしてスマホに夢中になっているなんて許せない」といった自動思考が起こっているのかも知れませんし、

「私は裏切られ、見捨てられる」

といった愛情に関する信念を持っているために、この場面でも「パートナーが私を裏切ろうとしている！」といった不安をかき立てられ、相手からすると思いがけない、激しい怒りにつながっているのかも知れません。

また、実際に怒りに振り回されている方をカウンセリングしてみると、時に激しい怒りを爆発させる方は、服従に関する信念の中でも「自己犠牲の信念」をお持ちの場合が少なくありません。たとえば、

「自分が惨めな思いをしてでも、相手を喜ばせなければならない」

「私の人間関係にまつわる問題は、すべて私に責任がある」

といった自己犠牲的な思い込みを持っているために、いつもストレスが蓄積されている。そのために、ふとしたきっかけで爆発してしまう、ということが起こりやすいのです。

このように、怒りは「自己犠牲しすぎているシグナル」でもあると考えられます。


第1章でお伝えした通り、信念は、幼少期に親をはじめとする周囲の人々との関係の中で形成され、その後の人生経験によって強化されているので、表面的な自動思考とは違い、そ

れ自体を修正するのは（すぐには）困難です。変えようとしても、繰り返し現れて、自動思考に影響を与えるものが信念である、と言ってもいいかも知れません。

しかし、自分がどんな信念を持っているかを把握しておくことは大切です。それができていれば、怒りを発生させる自動思考が起こったときにも「自分がこう考えるのは、こういう信念を持っているからかも知れない」というふうに、自分の認知を客観的に眺めることができるようになります。

このように、怒りを発生させている「認知の歪み」に気づき、その修正や客観化を試みる、というのが、アンガーマネジメントの第三段階です。

ここまでに説明したことは、アンガーマネジメントの中でも「分析編」と言えるかも知れません。それを踏まえ、怒りを解消するにはどうすればいいか、次章では「解決編」を学んでいきましょう。

第11章

怒りとどう向き合うか（解決編）
——「アサーティブ・コミュニケーション」の効果

怒りという感情は、発生から瞬く間に高まり、ピークに達した後は（新たな刺激が加わらなければ）ゆるやかに低下していきます。

怒りがピークに達しているときには、前章でお伝えした分析を実行したり、日頃分析しておいた考えに基づいて行動したりすることも難しいのではないでしょうか。そのため「怒りのピークをどうやり過ごすか」ということも、アンガーマネジメントの重要なポイントになります。

一説には「怒りのピークは6秒」とも言われています。その6秒間さえやり過ごすことができれば、怒りに任せて他人を傷つけたり、人間関係を悪化させたりする行動をとってしまうことは避けやすくなる、というわけです。そのため、怒りが高まっているときには「ともかく心の中で6つ数えましょう」という「カウント6」と呼ばれるルールも推奨されています。

もっと良いのは、怒りを発生させている状況から離れることです。スマホに夢中になっているパートナーに怒りを感じている例で言えば、まず一緒にいる部屋から出ることが有効でしょう。

その上で、さらに怒りに伴う身体の反応を緩和させることができればベターです。

＊怒りの反応を打ち消す技術

第7章でお伝えした「逆制止の原理」を思い出してください。

不安や恐怖に伴う身体の反応に、漸進的筋弛緩法や呼吸法などによって意識的につくり出したリラックスしているときの状態を拮抗させ、不安や恐怖を緩和させようとするのが逆制止の原理でしたね。

この方法は怒りにも応用できます。

怒っているとき、身体の状態はどうなっているでしょうか。不安や恐怖を感じているときと同様に（というよりも、そもそも怒りは不安や恐怖の二次感情である場合が多いのですが）、心拍数や血圧が上昇し、呼吸がせかせかと浅くなり、全身の筋肉に力が入っていると思います。

そうした身体の反応に対して、リラクゼーション法を用いることを試みましょう。身体をリラックスしているときの状態に近づけることができれば、それだけ早く怒りも鎮められると考えられます。

とはいえ、怒りで頭に血が上っているときに「まずは両手に力を入れてから脱力して……」と考えていくのは難しいかも知れません。その場合には「まずは深呼吸して、呼吸を落ち着かせよう」「体の力を抜こう」と考えるだけでも違うと思います。

さらに、怒りが発生しやすい状況に「先手を打っておく」ということも有効です。たとえば、「毎週水曜日にはストレスの溜まる会議があり、帰宅後もイライラしやすい」ということが分かっているとしたら、「水曜日の夜はサウナに行く」とか「ご褒美のビールを飲んでいいことにする」とか、身体をリラックスしている状態に向かわせるイベントを予定に組み込んでおくと良いでしょう。

もしかすると「水曜日の夜は、怒ることによってストレスを発散する」ということが（条件反射ではないとしても）習慣化された行動になっている場合もあるかも知れません。その場合には、怒る習慣をリラックスさせるイベントに置き換えることにもなります。

いずれにしても、怒っているときは、どうしても、目の前の相手や自分の気持ちにばかり意識が向いてしまいます。その意識を自分の身体に向けてみようとすることが大切です。

怒りのピークをやり過ごし、怒りに伴う身体の反応も緩和させることができたら、次はいよいよ解決編です。寂しさや嫉妬などをどう解消すれば良いかを考えていきましょう。

＊「どうして？」よりも「どうすれば」を考える

私たちは怒っているとき、つい理由を追及しようとしてしまいます。

「どうしてこんな目に遭うんだ！」

「あの人はなぜこんなことをするんだ！」

しかし、その理由にこだわっている限り、問題は解決には向かわず、感情も刺激されつづけることが多いのではないでしょうか。また、その追及を相手に向けてしまうことで、人間関係を悪化させることもよくあると思います。

怒りを生じさせるような不快な目に遭い、しかも、人間関係を悪化させる、では何も良いことがありませんよね。

それよりも、問題の解決に頭を使うように心がけましょう。

このとき再び大切になるのは、二次感情ではなく一次感情をベースにして考えることです。

怒りをどう解消すれば良いか、ということを考えると、相手を怒鳴りつければいい、暴力的な行為に訴えてでも、自分の思い通りにさせればいい、ということになってしまいます。

しかし、それでは一次感情としてある寂しさや嫉妬などは解消されません。問題を根本的に解決するには、別のアプローチが必要です。

スマホに夢中になっているパートナーに怒りを感じているケースでは、どうすることが一次感情の解消につながるでしょうか？　ここでは、その方法を「アサーティブ・コミュニケーション」と呼ばれるスキルに基づいて考えてみましょう。

＊自分も相手も尊重するコミュニケーション

怒りを感じているようなシチュエーションでは、自分の気持ちや要求を「相手にどう伝えるか」が重要になることが多いと思います。それを考える上で、非常に役立つ技術がアサーティブ・コミュニケーションです（略してアサーションと呼ばれることもあります）。

アサーティブ（assertive）というのは、直訳すれば、「主張的な」という意味です。しかし、アサーションにおいて大切なのは、自分だけが主張することではありません。自分の主張も相手の主張も、同じように尊重し、大切なものとして扱おうとするのが、アサーティブ・コミュニケーションです。

より正確には「攻撃的なコミュニケーション」「受動的なコミュニケーション」と対比して、以下のように定義されています（Wikipedia 参照）。

受動的なコミュニケーション

自分の「個人の境界」を守らず、攻撃的な人々に傷つけられたり、不当な扱いをされたりすることを許し、通常、他人に影響を及ぼすというリスクを冒そうとしない。

攻撃的なコミュニケーション

他人の「個人の境界」を守らず、影響を及ぼそうとして、他人をしばしば傷つける。

※さらに、遠回しな言い方で他人を責め、自分の思い通りに動かそうとする「詐術的なコミュニケーション」を加えて説明されることもあります。

アサーティブなコミュニケーション

自分の心の中を開示することを恐れず、他人に影響を及ぼそうとしない。他人の「個人の境界」を尊重し、攻撃的な進入から自分を守ろうとする。

　また、アサーティブ・コミュニケーションの重要なポイントは「あなた」ではなく「私」を主語としてメッセージを伝えようとする「Iメッセージ」であるとも言われます。

　つまり「あなたはこうだ」「あなたはこうするべきだ」ではなく、「私はこう感じている」「私はこうしてほしい」ということを主題にしようとするのです。


　改めて、異性のパートナーと部屋で過ごしているとき、彼女（彼）がスマホに夢中になっている場面を思い浮かべてみてください。あなたはそのことに、寂しさや嫉妬を感じ、それを怒りとして捉えているかも知れません（と想像してみてください）。

　しかし、少しだけ柔軟になって、相手の立場で考えてみましょう。人にはそれぞれの都合、物事の考え方などがあります。パートナーには、もしかすると「今はスマホでやりとりしていたい」何らかの事情があるのかも知れないし、そのことを悪いとは考えていないのかも知れません。そうした個人の都合や考え方を尊重しようとするのが、他人の「個人の境界」を守るということです。

　それをせずに「俺といるときにスマホばかり見るな！」と怒鳴ったり、スマホを取り上げたりしては、攻撃的なコミュニケーションになってしまいます。それを突きつけた結果として、相手を傷つけたり、反発を招いたりすることもあるでしょう。

一方で、こちらが感じている寂しさや嫉妬を蔑ろにすれば、それは受動的すぎるコミュニケーションになってしまいます。そうした我慢を続けた結果、ある日突然キレたり、相手との関係を完全に断とうとしてしまったりすることがあるのではないでしょうか。


これらに対して、アサーティブ・コミュニケーションでは、自分の「個人の境界」も相手の「個人の境界」も同じくらい大切なものとして扱い、尊重しようとします。そして「私」を主語としてメッセージを伝えようと試みるのです。

この場面では、「ちょっと寂しい」「正直、少し嫉妬している」「好きだから、誰とやりとりしているのか気になっている」など、感じている気持ちを率直に打ち明けるのが理想的なアサーティブ・コミュニケーションです（怒りをぶつけるよりも、はるかに良い結果が得られると思います）が、特に男性には、少しハードルが高いかも知れませんね。

その場合には「一緒に○○したい」という要求の中に、その気持ちを込めても良いと思います。

「一緒にＤＶＤでも見ない？」

など、相手にとっても興味のありそうなことを提案という形で伝えてみるのはどうでしょうか。

このときに少し留意していただきたいのは「断られることもある」ということです。

せっかく怒りのピークをやり過ごし、穏やかな提案として伝えたつもりなのに、それを拒否されたために怒りが再燃する、というのは、ありがちなことだと思います。

そうならないように、断られることも念頭に置いて、より受け入れられやすい提案も用意しておけるとベターです。

「スマホでの用事が終わったらでかまわないから、少し話を聞いてもらってもいい？」

など、より相手の負担にならないことを具体的に提案できると良いでしょう。

もし、パートナーがスマホで誰かとやりとりしていることに対する嫉妬が強い場合には、「馬鹿げているかも知れないけど、少し嫉妬しちゃってさ。『大丈夫だよ。心配ないよ』って聞きたかっただけなんだ」

といった言葉で、気持ちを率直に表しつつ、要求を伝えてみると良いと思います。

相手の「個人の境界」を侵害しているわけでもなく、自分の気持ちや要求を蔑ろにしているわけでもない伝え方です。

情けない態度のように思われる方もいらっしゃるかも知れませんが、実際にこういうコミュニケーションができる人を思い浮かべてみてください。無闇に怒ったり、我慢してばかりいたりする人よりも、おおらかで、魅力的な人物に見えないでしょうか。

そして、それを自然な態度として身につけることにより「人間関係におけるイライラから解放されましょう」というのが、アサーティブ・コミュニケーションの理念なのです。

＊具体的な「スモールステップ」を設定する

ここまで、２章にわたって、認知行動療法をベースとするアンガーマネジメントの考え方をお伝えしてきました。まとめると、それは次のようなステップで成り立っています。

①怒りが発生する前にあった「一次感情」に目を向ける。
②怒りを行動化することにより、どんなメリットを得ようとしていたのかを分析する。
③怒りを生じさせている「認知の歪み」を分析する。
④怒りのピークをやり過ごし、怒りに伴う身体の反応を緩和させる。

⑤一次感情を解消する方法を考え、実行する。

そして、⑤を考えるときに参考にしていただきたいのがアサーティブ・コミュニケーションですが、ここにもう一つポイントを付け足しておきましょう。それは「相手に何か要求を伝えるときには、具体的で、実行しやすいスモールステップを設定する」ということです。

少し趣向を変えて、子育ての例で考えてみましょう。

午前中に重要な用事を控えていて、バタバタと慌ただしくしている朝、幼い我が子が床に牛乳をこぼした場面を想像してみてください。ついカッとなってしまうものではないでしょうか。

この場合、一次感情としてあるものは「重要な用事に遅刻してしまうことへの恐怖」かも知れませんし、完全主義的な認知の歪みをお持ちの方であれば、「自分の計画を乱されることへの不安」もあるでしょう。「牛乳で床が汚れることに対する嫌悪感」が関係している場合もあると思います。

こうした一次感情に気づき、まずは立ち止まって、冷静になることが大切です。

また、このときに怒りに動かされ、幼い子どもに、

「なんでこぼしたの！」

などと理由の追及を突きつけても、何の解決にもなりませんよね（子どもとしては、それなりに気をつけていたかも知れないのです）。

それよりも、どうすれば問題を解決できるのかを考えましょう。

もちろん、その場の対応としては、ともかくコップをテーブルに戻し、床にこぼれた牛乳を拭くことになるわけですが、それだけでは、問題の根本的な解決にはなりません。後日また同じことが繰り返されて、同じような不安や恐怖を味わうことになるかも知れないのです。

再発を防止するにはどうすればいいかを考えることが、問題の根本的な解決につながります。


私が実際に行っている方法で説明させてください。

四歳になる息子はわりと不器用で、前述のように、私にとって忙しい朝、牛乳をこぼす、ということがよくありました。紙パックから牛乳を注ごうとして、コップからあふれさせたり、小さな手で牛乳のたっぷり入ったコップを持とうとして倒したりすることを繰り返していたのです。

このときに、母親である私が「もっとちゃんとしなさい！」などと怒っても、息子は何をどうすれば良いのか分からないでしょう。

そこで私が考えたのは、何をしてほしいのか（何をできるようになってほしいのか）を考え、スモールステップを設定し、一緒に実行していくことでした。

特に最初のステップは、できるだけ失敗しにくいものが良いでしょう。

息子の場合は、コップに注ぐ牛乳の量が三割以下であれば、こぼすことが少なかったので、私も時間が取れるときにそれを一緒にクリアする、ということを最初のステップとして設定しました。

それを成功させたときには、思いっきり褒めたり、一緒に喜んだりします（オペラント条件付けの考え方に基づいて、その行動が報酬につながることを学習させるためです）。

最初のステップをクリアできるようになったら、次のステップ。それを「一人でやってみよう」と提案します。

そのステップをクリアできるようになったら、今度は私が忙しくてフォローできないときに（こぼしても大丈夫なようにお盆を用意して）一人で牛乳を注ぐことにチャレンジ……というふうに、スモールステップを一つずつ提案してクリアしていくことを目指します。

そのトレーニングが功を奏して、最近では、忙しい朝に息子が牛乳をこぼすこともほとんどなくなり、そのために私がイライラさせられる、という問題も解消されました。

※子どもが繰り返し牛乳をこぼすという行動には「そうすることで母親からかまってもらえることを学習したから」というオペラント条件付けのメカニズムが関わっている場合があるのですが、その説明は本書では割愛します。

＊パワハラを防止するために

相手に何か要求を伝えたいときには、具体的で実行しやすいスモールステップを設定すると良い、というのは大人でも同じです。

たとえば、部下が思い通りに動いてくれないことに苛立っている上司が、部下に対して、

「なぜもっとちゃんとできないんだ！」

などと理由を求めたり、

「もっと効率的に仕事をしろ！」

など、何をどうすれば良いのかが明確でない要求を突きつけたりしても、問題の解決には

つながりそうもありませんよね。

子どもを導くときほど平易にする必要はありませんが、効率的に仕事をするとはどういうことなのかを具体的に考え、それを達成させるためのスモールステップを設定し、提案していくことが、イライラさせられる原因を根本的に解消していくことにつながります。

また、もしかすると、怒りの前にある一次感情として「部下が自分を信頼していないことへの不安」や「部下が自分を差し置いて活躍することへの嫉妬」などが潜んでいるケースもあるかも知れません。

その場合には、怒りにとらわれることなく、一次感情である不安や嫉妬に目を向け、それを解消することを考えていきましょう。その方法としてアサーティブ・コミュニケーションが役に立つことも多いと思います。

また、怒りを生じさせている認知の歪みを分析したり、怒りのピークをやり過ごし、身体の状態を緩和させるリラクゼーション法を身につけたりするのも大切なことです。

本章では、パワハラを防止するためのプログラムとして採用されることも多いアンガーマネジメント、その「解決編」とも言える考え方をお伝えしました。

アンガーマネジメントは、本来はそれだけで一冊の本になるような大きなテーマです。ここでは認知行動療法と関連の深いポイントを中心に、要点をかいつまんで説明しましたが、興味を持たれた方は、もう少し詳しく書かれた文献にもぜひ目を通してみてください。怒りという感情に振り回されないための方法をより正確にご理解いただけると思います。

第12章

グーグル社も採用した集中力の高め方
――「マインドフルネス」の実践

本書では、第1章から第4章にかけて、認知行動療法の中でも特に認知療法寄りの話を、第5章から第7章にかけて、行動療法寄りの話を展開してきました。

改めて歴史的な経緯として説明するなら、行動療法がパブロフやスキナーの条件付け理論から始まり、ジョゼフ・ウォルピらの活躍によって治療法として確立されたのは1950〜70年代（一説にはハンス・アイゼンクが神経症の治療に用いた1959年が始まりであるとされています）、認知療法によるうつ病の治療がアーロン・ベックにより提唱されたのが1963年です。

また、本書では詳しくは触れませんが、ベックに先駆けて「論理療法」を考案したアメリカの臨床心理学者アルバート・エリス（Albert Ellis 1913 - 2007）や「ストレス免疫訓練法」を考案したアメリカの心理学者ドナルド・マイケンバウム（Donald H. Meichenbaum 1940 - ）なども、認知療法の創始者とされることがあります。

認知療法と行動療法は、それぞれ異なる理論的背景を持ちながら、独自の治療法として発展し、成果を上げていたのですが、

・認知療法だけでは、うつ病の再発率が高い

・行動療法だけでは（悲観的な思考の反芻《はんすう》など）行動を伴わない問題に対処しにくい

といった問題があり、認知療法が認知面だけでなく行動面を、行動療法が行動面だけでなく認知面を重視する、という歩み寄りを見せるようになります。

こうした流れの中で考案されていったのが、第8章から第9章にかけて解説したパニック障害や社交不安障害などの治療モデルです。

また、うつ病の治療においては、認知の歪みを修正するだけでなく、ネガティブな思考の繰り返しを「反芻という行動」として捉え、それを改善させようとするアプローチや、抑うつ症状が高まったときに諸用を先延ばしにしたくなる「回避行動」を改善させようとするアプローチも重視されるようになっていきます。

こうした認知療法と行動療法の合流により、それらを総称して認知行動療法と呼ばれるようになったのです。

さらに近年では、認知行動療法をベースとするさまざまな心理的な問題の解決法も考え出されています。

前章、前々章では、その中の一つであるアンガーマネジメントについて説明しましたが、最後の章である本章では「マインドフルネス」という方法を紹介しましょう。

＊仏教の影響で生まれた考え方

マインドフルという状態は、逆の概念である「マインドレス」という状態を先に説明することで分かりやすくなるかも知れません。

たとえば、目の前で、誰かがあなたに大切な話をしている場面を想像してみてください。にもかかわらず、あなたの心はいろいろな雑念にとらわれていて、その話に集中することができていません。

「このペンは別れた彼にもらったものだったな。あの彼、今どうしているんだろう?」「そう言えば、昨日上司から言われたあの言葉、やっぱり許せない。でも、私にも悪いところがあるのかな」「今朝、家を出るとき、エアコンのスイッチ切ってきたっけ? 電気代がもったいない」「あー、腰が痛い」など、とりとめのない思考が次々に湧き起こって、目の前の人がしている話に心を向けることができていない状態……これがマインドレスな状態です。

反対に、マインドフルな状態というのは、心に雑念がなく（あるいは、雑念が湧いてもそれにとらわれず)、目の前の人がしている話に十分集中できている状態を指します。

そのため頭が冴え、神経が研ぎ澄まされ、たとえば、話の内容が仕事の提案であれば、その趣旨をパッと理解することができ、さらに創造的な提案を付け加えることができたりします。話の内容が相談であれば、その解決策を的確に考えることができるでしょう。

そういう状態を意識的につくり出せるようになるための「心のエクササイズ」がマインドフルネスです。

医療現場においては、特に、病気や怪我による痛みのせいで何もする気になれないなど、実際以上に幸福度が下がってしまっているような場合に、この方法がよく用いられます。


マインドフルネスは、パーリ語で「サティ」と呼ばれる仏教の概念を認知行動療法が採り入れることにより誕生しました。

私自身はあまり仏教に詳しくないのですが、サティは、何かに執着したり、主観的な価値判断を加えたりすることなく、対象に注意を向けることを意味し、日本語では「念」という言葉が当てられているそうです。「念じる」ことを基本とする仏教の意識訓練が「瞑想」であり、その技術の一つとして、仏の姿を思い浮かべたり、名号を唱えたりする「念仏」があります。

マインドフルネスを実際にどのように行うのかを説明していくと、それが仏教の影響を受けていることが、より分かりやすくなるでしょう。

＊「流れに漂う葉っぱ」のエクササイズ

まず、ゆったりと流れる川をイメージしてみてください（マインドフルネスのエクササイズでは、イマジネーションも大切です）。あなたは、その傍らに腰を下ろして、葉っぱが川面《かわも》を流れていくのを眺めています。

それが十分にイメージできたら、今度は自分の考えや思いに注意を向けてみてください。今気になっていること、不安に思っていること、腹を立てていること、体のどこかに感じている痛みやかゆみなど、何でもかまいません。

自分の中にそういう考えや思いがあることに気づいたら、それを一つずつ、葉っぱに載せて流しましょう。

再び、あなたは川の傍らに腰を下ろして、葉っぱが流れていくのを眺めています。その葉っぱには、あなたの考えや思いが載っていますが、それにとらわれてはいけません。あくまでも傍観者として、葉っぱが流れていくのをただ眺めつづけてください。

もし途中で、自分の考えや思いにとらわれたり、川の傍らを離れて葉っぱを追いかけたり、集中が続かなくなって、葉っぱが消えたりしてしまった場合には、エクササイズを中断して、今何が起こったのかを観察しましょう。

そして、再び考えや思いを葉っぱに載せ、それが流れていくのを川の傍らから眺めます。

このイメージトレーニングにより養おうとしているのは、自分の中で起こっていることを観察する力です。

認知行動療法の「第三世代」と呼ばれる新しい考え方では、自動思考をはじめとするネガティブな考えや、不安・怒りといった感情が起こること自体が問題なのではなく、それに対して自分が距離を取れずに巻き込まれてしまう（融合＝フュージョンしてしまう）ことが問題なのだという考え方が重視されるようになっています。

そうしたネガティブな思考や感情を自分から切り離し、距離を取って眺められるようにする。その力を養うために有効な方法の一つが「流れに漂う葉っぱ」のエクササイズです。

＊思考や感情にラベリングする

自分の中で起こっていることを観察するときには、ラベリングを行うことも推奨されます。たとえば、蚊に刺されたときのことを思い出してみてください。あなたは「あ、かゆい。掻かなければ」と思い、その行動をすぐさま実行したくなるかも知れません。

しかし、本当に掻かなければならないのでしょうか？　何かに夢中になっていて、蚊に刺されたことに気づいてもいないうちは平気だったのに、刺されたことに気づいた途端「掻かなければ」と思いはじめ、居ても立ってもいられなくなることがありますよね。

これは観念によって、自分が感じているかゆみを事実以上に大きくしている状態です。

そういうときには（これは私独自の喩えですが）、自分が蚊に刺されるという出来事に初めて遭遇した宇宙人になったつもりで、

「カユミ、カユミ、カユミ、カユミ、カユミ、カユミ……」

と唱えながら、自分に起こっていることを観察しようとしてみてください。

今感じているムズムズ感は「カユミ」と呼ばれているそうです。それはどの程度のものでしょうか？

あなたはその「カユミ」に対して、掻くという行動を取ろうとしているかも知れません。その行動は本当に必要でしょうか？

このときに大切なのは、かゆみなど感じていない、掻いてはならない、と自分を偽り、押さえつけるのではなく、あくまでも「ありのまま」を見つめようとすることです。

観念によって過大評価したり、過小評価したりすることなく、自分が感じている通り、思っている通りのことを受け容れ（しかし、とらわれず）、自分の取ろうとしている行動が本当に適切かどうか公平に判断しようとする。

それをしやすくするために、自分の思考や感情にラベリングすることが有効です。

ちなみに、ここではかゆみという感覚を例として説明しましたが、何となく湧き起こってしまう考えにとらわれているときにも、この方法は使えます。

たとえば、自分の母親と妻との折り合いが悪く、双方から不満ばかり聞かされている。そのことを思い出すと、うんざりして、仕事が手に着かなくなる、というビジネスマンを想像してみてください。

彼は漠然と「こんなに気がかりなことがあっては、仕事に集中できるはずがない」と思っているかも知れません。しかし、本当にそうでしょうか？

今、自分がとらわれている思考と感情に「ヨメシュウトメ」と名前をつけて、過大評価も過小評価もせず、ありのままを観察しようとしてみると、どうでしょうか。

「確かに厄介な問題ではあるけれど、そのために仕事に集中できなくなるほどではない」ということに気づけるかも知れませんね。

＊　レーズンエクササイズ

もう一つ、マインドフルネスのユニークなエクササイズを紹介しておきましょう。

できるだけ他のものが目に入りにくい環境をつくり、そこでレーズンを一粒手にとってみてください（このエクササイズでは、想像ではなく、実物が必要です。レーズンが苦手という方は、つまんで口に入れられる別の食べ物でもかまいません）。

そして、まるでレーズンというものを初めて見た人のように、まじまじと眺めます。レーズンの色、つや、形、しわ、くぼみ、指先に伝わる感触、重さ……などに神経を集中させてください。

次に、レーズンを鼻に近づけてみます。香りを味わい、また、より近くで見ると気づく微妙な色合いや形状にも注意を向けましょう。

視覚・触覚・嗅覚で十分にレーズンを観察したら、今度はそのレーズンを口の中に入れてみます。しかし、まだ噛んではいけません。舌の上に置いて、その味、口の中に広がる香り、重み、感触などに神経を集中させます。

それが十分にできたら、一度だけレーズンを噛んでください。そして、その弾力やじわりと出てくる果汁、味や香りの変化などを感じ取ろうとしてみましょう。

さらにレーズンを噛みしめていきます。このときにも、次第に変化する感触、味、香りなどに神経を集中させつづけてください。

こうしたエクササイズを行っていると、いろいろな雑念が湧いてくると思います。

そのときには「そうか。私は今、そういうことが気になっているんだ」という程度に受け止めて、しかし、その思考や感情には深入りせず、五感に意識を戻して、レーズンの色・形・感触・味・香りなどを味わう作業に戻ってください（雑念と戦おうとするのではなく、それが湧いたことは素直に認め、受け容れ、しかし取り合わない、ということが大切です）。

レーズンエクササイズによって養おうとしているのは「今・ここ」に意識を向ける力です。

日常的な例で言えば、本章の冒頭で「マインドレス」な状態を説明するために挙げた例のような場合、まずは自分の五感（今見えている風景、今聞こえている声、今感じているコーヒーカップの重さ、コーヒーの味や香りなど）に意識を戻します。その上で、目の前の人がしている話を聞くことに集中している状態をつくり直していく。そういう力を養うのがレーズンエクササイズです。

もう少し臨床に近い例で言えば、うつ病に陥りやすい方は、過去のことを繰り返し思い出したり、将来のことを考えすぎて不安になったりしやすい傾向があります。そのために「今・ここ」で起こっていることを感じ取れていなかったり、今やるべきことに集中できなかったりする。そういう状態に陥りにくくするためにも、このエクササイズは有効です。

「流れに漂う葉っぱ」のエクササイズやレーズンエクササイズなどは、一度だけ行うのではなく、日々の習慣として、毎日10分程度の時間を取り、できるだけ落ち着ける環境を整えた上、体をほぐすストレッチなどと組み合わせ行うようにすると良いでしょう。

＊ アクセプタンス&コミットメント

ここまで、マインドフルネスの特徴的なエクササイズを紹介してきましたが、そこに共通する思想のようなものがあることにお気づきでしょうか?

それは一つには、雑念が湧いたときに、戦うのではなく、受け容れるということです。この概念を認知行動療法の第三世代では「アクセプタンス(acceptance)」という言葉で表現しています。

自分の中に湧き起こった自動思考、とりとめのない考え、不安や怒りなどの感情、体の痛みや違和感……。そういったものがあることを否定するのではなく、積極的に承認していこうとするのです。

しかし、それらに自分が支配されたり、自分が思考や感情と一体化してしまったりはしないように注意します。距離を取って「自分は今、こう感じ、こう考えているのだな」ということを客観視しようとする。このことを認知行動療法の第三世代では「脱フュージョン

■ACTの6つのコア・プロセス

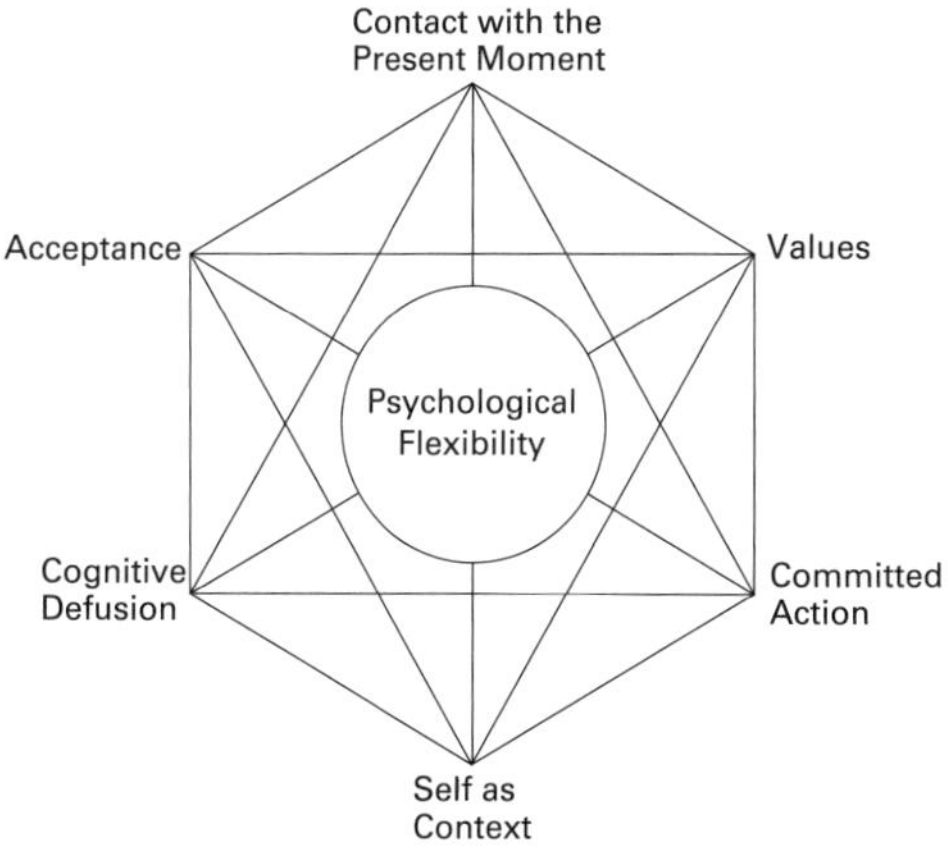

(fusion ＝ 融合)」と言います。

そして、さらに「今・ここ」に意識を戻して、今、自分の目の前にある物事や出来事、今、本当にやるべきことに傾倒していこうとする。このことを認知行動療法の第三世代では「コミットメント(commitment)」という言葉で表現しています。

この「アクセプタンス」「脱フュージョン」「コミットメント」を含む六つのコア・プロセスを基本としているのが、認知行動療法の中でも最新事情と言える「アクセプタンス＆コミットメント・セラピー(通称ＡＣＴ)」です。

また、マインドフルネスは、日本語で「念」とも呼ばれる、仏教の「サティ」という概念の影響を受けていると書きましたが、その「念じる」ということを認知行動療法的に解釈した言葉が「アクセプタンス&コミットメント」である、と言ってもいいかも知れません。

＊自分にとっての価値に気づく

これまで認知行動療法では、どちらかと言えば、認知の歪みや問題のある行動パターンといった「認知と行動のマイナス面」に注目して、それをどう修正すれば良いかを研究し、治療に役立ててきました。

しかし、私たちが幸せに生きるために大切なことは、もっと先にあるようにも思えます。それは、自分が「本当は何をしたいのか、どんなふうに生きたいのか、今何をするべきなのか」といったことに気づき、その目的に適う認知と行動を取れるようにすることではないでしょうか。

ここで第2章を思い出してみてください。悲観的な信念に動かされないためには、私たちが「本当は何を望んでいるのか」を突き詰めて考え、それに基づいて行動する習慣が大切なのでしたね。

この「本当に望んでいること」を認知行動療法の第三世代では「価値（values）」と呼びます。価値は「夫に家事を手伝ってほしい。子どもには穏やかに一度言うだけでお風呂に入るようになってほしい」といった日常的なことから、人生を費やして何をしたいのか、といった大きなことまで、自分にとって意義のあることを幅広く含んでいる言葉です。

その価値に集中できているのが、本当に「マインドフル」な状態であり、それが実現できるように、雑念にとらわれにくくすることをアクセプタンス＆コミットメント・セラピーでは目指します。その具体的な技法として（認知行動療法に従来ある技法に加えて）用いられているのが、「流れに漂う葉っぱ」のエクササイズやレーズンエクササイズなどです。

＊　本当はどんなふうに生きたいか

マインドフルネスは、グーグル社をはじめ、さまざまな企業が社員育成プログラムの一環として採用しはじめていることで話題になっていますが、私にとって身近なところでは、少年院でも、マインドフルネスを更生プログラムに活かす動きが出てきています。

最後に少し、そのお話をさせてください。

非行や反社会的な行為に走る少年は、さまざまな雑念にとらわれてしまっています。

「ああ、イライラする。暴力で発散したい」

「俺はどうせ頑張っても認められない。ならば、悪いことで認められてやる」

「なんであいつにあんなこと言われなきゃならないんだ。絶対に許さないぞ」

これらはすべて、ＡＣＴやマインドフルネスで言うところの雑念です。また、従来の認知行動療法で言えば、認知の歪みと問題のある行動パターンでもあります。

そうしたものに繰り返しとらわれている背景には、幼少期の親との関係など育った環境が関係している場合がよくあるのですが、相対化する人生経験が少ない少年にとって、それと向き合い、克服するのは、大人の場合と比べて、さらに容易ではありません。

そこで、過去のトラウマや生育歴といったものに積極的には介入せず、より具体的で変化させやすい認知と行動を扱う認知行動療法のアプローチが向いている、と以前から考えられてきました。

しかし、それによって認知と行動のパターンを修正できても、出所後にまたさまざまな雑念にとらわれて、非行や反社会的な行為に走ってしまうケースも少なくなかったのです。

それは「夢や希望がないから」だと私は思います。

少年院で、認知と行動のマイナス面を修正しても、出所後に彼らを待ち受けているのは厳しい現実でしょう。世間からレッテルを貼られ、白い目で見られ、就職や進学も上手くは行かないかも知れません。そういう現実と向き合い、ショックを受けているとき、生き方に強い影響を与えるのは信念です。それに動かされて、また問題のある認知と行動に戻ってしまう……。

そうならないために必要なのは、信念に代わる、自分の認知と行動を構築する軸を持つことです。そして、それを持つために大切なのは、自分が本当は何を望んでいるのか、どんなふうに生きたいのか、というACTで言うところの価値に気づくことだと思います。たとえば、

「本当は俺、大好きな車をいじって、それで身を立てていきたかったんだ」

「スポーツで活躍するかっこいい男になりたかったんだ」

といったことに気づければ、その夢や希望を軸として、認知と行動を再構築していきやすくなるでしょう。

それでも、雑念にとらわれそうになる場面がたくさんあると思います。そのときに、自分の思考と感情から距離を取って、客観視できるようにする。「今・ここ」に意識を戻し、本当

に望んでいることや今やるべきことに集中できるようにする。そのための力を養う「心のエクササイズ」として、全国の少年院でマインドフルネスが活用されはじめているのです。

最後に少し日常的な場面から離れた話をしましたが、皆さんにもぜひ、自分にとっての価値に気づいていただきたいと思います。

きれい事のように思われるかも知れませんが、夢や希望といったものがなければ、私たちは悲観的な信念に動かされやすい、ということも事実なのです。

皆さんは何が好きですか？
何をしているときが楽しいですか？
どんなふうに生きたいですか？

それを突き詰めて考え、夢や希望を軸として生きるためには、日常の問題がある程度解消されている（あるいは、解消する方法を知っている）必要があるかも知れません。

繰り返し起こるネガティブな自動思考、そのために取りやすい行動パターン、自分でもやめなければいけないと分かっている悪習慣、不安・怒りといった感情……。それらを小さくする方法として、認知行動療法の考え方と技法を役立てていただければと思います。

あとがき

最後まで読んでくださり、ありがとうございました。

私が認知行動療法と出会ってから十数年が経《た》ちます。出会った当時の状況を振り返ってみると、この療法がメディアの脚光を浴びることはほとんどありませんでした。それが今や、専門書のみならず一般向けの新書でも取り上げられるテーマになり、執筆の機会をいただけたことに感動すら覚えています。

私自身、認知行動療法と出会うことで、人生が変わるような大きな影響を受けました。それを同じように悩み困っている多くの方々と共有したいと願っていたからです。

私はもともと、大学院で、フロイトで知られる精神分析を学び、精神科病院に臨床心理士として勤務していました。

大学院では、深層心理、箱庭療法、絵画療法、夢分析などに興味を持ち、探究していたのですが、就職して実際の医療現場で目にしたのは、厳しい現実でした。

慢性の精神疾患を抱えながら、生活保護で日々をしのいでいる方、家庭内暴力に脅え、困り果てている方、繰り返すうつ病で仕事を続けることが困難になっている方……。

そのような方々を前にして、私にいったい何ができるだろう？　と途方に暮れていたときに紹介されたのが、福岡在住のラン・ハンキンス先生という、アメリカ人のスーパーヴァイザーでした。

臨床心理士は、自分の臨床技術についてアドバイスをくれる師（スーパーヴァイザー）について訓練を受けます。具体的には、カウンセリング記録をスーパーヴァイザーに見てもらい、アドバイスをいただくわけですが、その中で、私は認知行動療法と出会うことになりました。

ラン先生がおっしゃるには、アメリカでは１９６０年代に認知行動療法が誕生して以来、もっともメジャーな心理療法として用いられているそうです。しかしながら、２０００年当時、私の周りで認知行動療法を用いてカウンセリングを行う人は誰もいません。

私は戸惑いながら、ラン先生が勧めてくださった認知行動療法の本を読んで勉強することになりました。本書で紹介させていただいた技法や考え方は、その一端です。

認知行動療法を日々のカウンセリングの中でも実践していくと、驚くほど効果が上がりました。

これまでよりも、患者さんたちが自分自身の持っている力に気づき、元気になっていかれるように感じたのです。

あれほど「自分は病気なんかじゃない」と治療を拒否していた方が、自分の病気について理解を深め、積極的に対処法のアイデアを出してくれるようになったり、「無気力で何をする気も起こらない」と言っていた方が、なんとか試練を乗り切って、友達の輪の中に入ることができるようになったりしました。人間関係でつらい思いをされ、長年ひきこもっていた方が「もう一度社会に出てみよう」と思えるようになった、というケースもあります。

他にも、ここでは紹介しきれないほどのすばらしい成果を上げることができました。

認知行動療法の効果は、患者さんたちだけでなく、私自身にも現れました。

カウンセラーが自分自身についてきちんと分析し、ある程度心の問題を解決しておくことは、カウンセリングを成功させる上で不可欠です（心のレンズが曇っていては、他人の状態を正確に見ることはできませんし、援助することもできません）。そのためカウンセラーは、スーパーヴァイザーから、カウンセリング技能の指導だけでなく、自分自身の心についての分析も受けます。

その過程で、私は認知行動療法にずいぶんと救われたのです。

当時の私は、自分に自信を持つことができずに、びくびくしていました。人間関係でくよくよ悩んでいたり、現実の厳しさに打ちのめされそうになっていたり……。幸せな未来を描くことができず、いろいろなことをあきらめそうになっていました。

「働くって大変だな。生きるって、こんなに大変なのか。世の中って不公平だな」

上手くいかない仕事と薄給、莫大な奨学金の返済に追われながら、世間を恨みそうになっていました。

こんな悪循環から脱出するのに一役買ってくれたのが認知行動療法だったのです。

ラン先生の影響も大いにあると思いますが、非常に現実的で楽観的な思想が根底に流れている認知行動療法は、私に自由な発想、大胆な柔軟性、多面的な見方、以前なら考えもしなかった行動パターンを教えてくれたように思います。

私の人生は、そこから何度かの転職や結婚を経て、良い方向に回りだしました。以前よりも自分に自信を持つことができ、何より、自分らしく生きられるようになりました。

また、認知行動療法との出会いがなければ、こうして本を上梓《じょうし》する機会もいただけなかったに違いありません。

というのも、今回の本は私にとって翻訳や監修を含め21冊目の作品になりますが、最初の作品は、ラン先生から勧めていただいた、認知行動療法を用いたデヴィッド・D・バーンズのセルフヘルプ本『Ten Days to Self-Esteem』の翻訳とそれを元にしたワークブックだったのです。

これはとてもすばらしい本で、アメリカではベストセラーになっているのに、日本語版は絶版という状況でした。

ラン先生が調べてくださり、東京の星和書店さんが、この本の翻訳版を再び刊行することを企画していると知った私たちは、二人で話し合い、何の面識もない出版社に電話をして、『Ten Days to Self-Esteem』の翻訳に携わらせていただくことと、この本を元にしたワークブックの制作をお願いしました。それを星和書店さんが聞き入れてくださり、上梓にこぎつけたのが『もういちど自分らしさに出会うための10日間　自尊感情をとりもどすためのプログラム』と『私らしさよ、こんにちは　5日間の新しい集団認知行動療法ワークブック』です。

その後、星和書店さんからは、何冊もの専門書を出させていただくことになりました。本づくりが楽しく、挿絵まで描かせていただいたこともあります。私は子どもの頃、新聞記者か漫画家になりたいと思っていました。その夢も叶ったなぁ、と嬉しく思っています。


私は現在、福岡県職員相談室、福岡保護観察所、佐賀少年刑務所、福岡少年院、福岡刑務所など、いくつかの職場を掛け持ちして働いています。その傍ら、朝日新聞の医療サイト「アピタル」でのコラム連載をはじめ、執筆・講演活動もさせていただいているのですが、その一つとして、2015年2月、朝日新聞社主催の「健康・医療フォーラム」にて認知行動療法についてお話しさせていただいたものが、朝日新聞に掲載されました。

そこで私は「自分の考え方のクセ」に気づくことで、過剰に落ち込んだり、心配したり、イライラしたりする必要がなくなることを述べたのですが、それを読んでくださった光文社の小松現さんより、今回の企画をご提案いただいた、というのが、本書の執筆に至る経緯です。

本書は、くよくよと悩み、悲観的だった頃の私が救われた経験、そして今も日々助けられている経験を思い出しつつ、認知行動療法の技術や考え方について、できるだけ多くの方々に役立てていただけるよう、身近な問題を例としながら説明しました。「こんなやり方もあるのだな」「今は困っていないけれど、次困ったときに使ってみよう」などと思っていただければ幸いです。

本書が皆様にとって、認知行動療法との良い出会いになることを祈っています。

ありがとうございました。

2016年11月

中島美鈴

巻末付録

信念の分類
と
チェックリスト

信念をどう分類するか、ということについては、専門家によってさまざまな考え方があります。

次ページに示すのは、アーロン・ベックの娘であり、ベック認知療法研究所の所長を務めるジュディス・S・ベックによる悲観的な中核信念の分類（抜粋）です。

また、デヴィッド・D・バーンズの共同研究者の一人であるアーリーン・ワイズマンは、信念を「承認依存」「愛情依存」「業績依存」「完全主義」「全能感」「自己非難」「絶望感」という７つのカテゴリーに分け、もっとも歪みの大きい状態を20点としてチェックを行う「認知の歪み発見スケール」を開発しました。これは通称「ＤＡＳ（Dysfunctional Attitude Scale）」と呼ばれ、うつ病患者をカウンセリングする際にもよく用いられています。

第２章で紹介した「下向き矢印法」と併せ、自分がどんな信念を持っているかに気づくひとつのきっかけとして、活用してみてください。

■悲観的な中核信念の例

●私は愛されない

私には魅力がない。
私は人に好かれない。
私は誰からも必要とされない。
私は悪い人間だ。
私はいつもひとりぼっちだ。
私はいつも見捨てられる。

●私には価値がない

私には何ひとつ満足できるところがない。
私は悪い人間だ。
私は単なる役立たずだ。
私は人を傷つけるばかりだ。
私は邪魔だ。
生きる価値がない。

●私は無力だ

私はちゃんとしていない。
私は何も上手くできない。
私には能力がない。
私は物事に上手く対処できない。
変わることができない。
私は弱い。
私は犠牲者だ。
私はどうして良いのか分からない。
私は傷つきやすい。
私は劣っている。
他は負け犬だ。

■認知の歪み発見スケール

手順と見方：各項目の当てはまる程度を0～4で採点、カテゴリーごとに小計してください。得点の高いカテゴリーが、あなたを苦しめる特徴的な信念と考えられます。

	0 まったく当てはまらない	1 あまり当てはまらない	2 どちらとも言えない	3 少し当てはまる	4 非常によく当てはまる
1 私は人から批判されると、いつも動揺してしまう。					
2 誰かに非難されると、自分が非常につまらない人間のように感じる。					
3 自分が幸福である人間だと感じるためには、他人から認められる必要がある。					
4 誰かに批判されると、防衛的になってしまうことがよくある。					
5 他人が私をどう見ているかによって、自尊心が左右されやすい。					
「承認依存の信念」 1～5の小計 点					
6 他人から愛されなければ、幸福を感じたり、自己表現できていると感じたりすることができない。					
7 人から愛されていないと、きっと不幸になる。					
8 誰かに拒絶されると、自分はどこかおかしいところがあるのではないかと思ってしまう。					
9 自分が幸福で価値ある人間だと感じるためには、人から愛されていなければならない。					
10 ひとりぼっちで愛されないなら、不幸に違いない。					
「愛情依存の信念」 6～10の小計 点					
11 私はあまり人生に成功していると言えないので、気持ちが動揺してしまうことがある。					
12 輝かしい経歴や社会的地位、富や名声を得ている人は、そうでない人に比べて幸せそうに見える。					
13 素晴らしい功績をあげている人は、そうでない人に比べて価値がある。					
14 自分より頭が良くて成功している人に対して、劣等感を持つことがある。					
15 自分がどれだけ生産的で成功できているかに自尊心が左右されやすい。					
「業績依存の信念」 11～15の小計 点					

16 もし失敗やミスをすれば、人から軽んじられるだろう。					
17 失敗すると、自分がよりつまらない人間だと思ってしまう。					
18 自分がこれまでに犯したミスを全部人に知られたら、軽蔑されるだろう。					
19 ミスをすると、いつも動揺してしまう。					
20 自分が完璧であるように努力すべきだと感じる。					
「完全主義の信念」16〜20の小計　点					
21 人が私の期待に応えてくれないと、しばしば動揺してしまう。					
22 他人からもっと良い扱いを受ける権利があると、しばしば感じる。					
23 人間関係における問題は、たいてい相手方に非がある。					
24 人にイライラさせられたり、欲求不満を感じたりすることがよくある。					
25 私が誰かに良いことをしたときには、相手に施したのと同様の尊敬と見返りを受けるだろう。					
「全能感の信念」21〜25の小計　点					
26 人にムッとされると、罪悪感を感じることがよくある。					
27 友人や家族と上手くやっていけないと、とても自己批判的になってしまう。					
28 人間関係で問題があると、たいてい自分を責めてしまう。					
29 誰かが私に腹を立てると、いつも悪いのは自分であるように感じる。					
30 他人を喜ばせることができないと、自己批判的になってしまう。					
「自己非難の信念」26〜30の小計　点					
31 事態が少しも良い方向に変わっていかないと、悲観的になる。					
32 人生における問題を解決するのは難しすぎる。もしくは不可能だろう。					
33 自分の気分は自分ではどうすることもできないと思う。					
34 心から幸せで、自分が価値ある人間だと感じるときが来るとは思えない。					
35 私の問題を解決するために、他人ができることなど、ほとんどない。					
「絶望感の信念」31〜35の小計　点					

構成　東京ライターズ・アクト（古瀬和谷）

中島美鈴（なかしまみすず）

1978年福岡県生まれ。臨床心理士。専門は認知行動療法。2001年、広島大学大学院教育学研究科修了。東京大学大学院総合文化研究科、福岡大学人文学部などの勤務を経て、現在は福岡県職員相談室に勤務。福岡保護観察所などで薬物依存や性犯罪加害者の集団認知行動療法のスーパーヴァイザーを務める。著書に『いちいち〝他人〟に振り回されない心のつくり方』（大和出版）、『私らしさよ、こんにちは』（星和書店）、訳書に『人間関係の悩み　さようなら』（星和書店）などがある。

悩《なや》み・不安《ふあん》・怒《いか》りを小《ちい》さくするレッスン

「認知行動療法《にんちこうどうりょうほう》」入門《にゅうもん》

2016年12月20日初版1刷発行
2025年1月15日　　3刷発行

著　者 —— 中島美鈴

発行者 —— 三宅貴久

装　幀 —— アラン・チャン

印刷所 —— 萩原印刷

製本所 —— ナショナル製本

発行所 —— 株式会社光文社
東京都文京区音羽1-16-6（〒112-8011）
https://www.kobunsha.com/

電　話 —— 編集部03（5395）8289　書籍販売部03（5395）8116
制作部03（5395）8125

メール —— sinsyo@kobunsha.com

R<日本複製権センター委託出版物>
本書の無断複写複製（コピー）は著作権法上での例外を除き禁じられています。本書をコピーされる場合は、そのつど事前に、日本複製権センター（☎03-6809-1281、e-mail : jrrc_info@jrrc.or.jp）の許諾を得てください。

本書の電子化は私的使用に限り、著作権法上認められています。ただし代行業者等の第三者による電子データ化及び電子書籍化は、いかなる場合も認められておりません。

落丁本・乱丁本は制作部へご連絡くだされば、お取替えいたします。
© Misuzu Nakashima 2016　Printed in Japan　ISBN 978-4-334-03958-5

光文社新書

845
大人のコミュニケーション術
渡る世間は罠だらけ
辛酸なめ子
自称「コミュ力偏差値42」の辛酸さんが、コミュ力のUPを目指して四苦八苦。うわさ、下ネタ、マウンティング……への対処法とは？　ちょっぴり切ない処世をめぐるエッセイ集。
978-4-334-03948-6

846
毎日同じ服を着るのがおしゃれな時代
今を読み解くキーワード集
三浦展
かっこよかったものがかっこわるくなる。新しいものが古くさくなる——「消費」「世代」「少子高齢化」「家族」「都市」の最先端の動きをわかりやすく解説。ビジネスにも役立つ一冊！
978-4-334-03949-3

847
ケトン食ががんを消す
古川健司
世界初の臨床研究で実証！　末期がん患者さんの病勢コントロール率83%。糖質の摂取を可能な限り0に近づける「がん免疫栄養ケトン食」の内容と驚異の研究結果を初公開！
978-4-334-03950-9

848
どうなる世界経済
入門　国際経済学
伊藤元重
テレビでもおなじみ、東大名誉教授のセミナー形式の入門書第二弾。EU諸国、中国、アメリカなど世界の最新潮流がざっくりわかる。国際経済学で、日本経済の未来をつかめ！
978-4-334-03951-6

849
島耕作も、楽じゃない。
仕事・人生・経営論
弘兼憲史
会社員を経て42年間漫画家として一線で活躍し続ける著者の、知られざる仕事の極意とは。島耕作にも影響を与えた、柳井正氏ら強烈な個性を持った経営者6人の哲学も紹介。
978-4-334-03952-3

850
消えゆく沖縄
移住生活20年の光と影
仲村清司
この二十年の間に、沖縄はどう変化したのか——。「沖縄ブーム」「沖縄問題」と軌を一にし、変質していく文化や風土などに触れ続けてきた著者が〈遺言〉として綴る、素顔の沖縄。
978-4-334-03953-0

851
デスマーチはなぜなくならないのか
IT化時代の社会問題として考える
宮地弘子
「ブラック」では片づけられない真実《リアル》——当事者の証言の分析から明らかになった驚愕の事実とは？　自らソフトウェア開発に携わっていた、新進気鋭の社会学者による瞠目すべき論考！
978-4-334-03954-7

852
本当に住んで幸せな街
全国「官能都市」ランキング
島原万丈
＋HOME'S総研
豊かに楽しく生きられる、魅力的なまちとは何なのか？「官能」をキーワードに、生活者の都市に対するリアルな評価を可視化し、近未来の都市のイメージを探っていく。
978-4-334-03955-4

853
愛着障害の克服
「愛着アプローチ」で、人は変われる
岡田尊司
あなたの不調の原因は、大切な人との傷ついた愛着にあった。ベストセラー『愛着障害』の著者が、臨床の最前線から、奇跡の回復をもたらす最強メソッドと、実践の極意を公開する。
978-4-334-03956-1

854
「脱管理」のチームづくり
駅伝日本一、世羅高校に学ぶ
岩本真弥
高校駅伝で優勝最多の広島県立世羅高校。田舎町の学校はなぜこんなに強いのか？　最強チームを率いる監督がその秘密を明かす。箱根２連覇の青学・原晋監督との特別対談つき。
978-4-334-03957-8

855
悩み・不安・怒りを小さくするレッスン
「認知行動療法」入門
中島美鈴
うつ病の治療などで実績を上げ、近年、注目を集める認知行動療法。「リスクが低く、目に見える成果が出やすい」と言われる心理療法のポイントを臨床心理士が分かりやすく解説。
978-4-334-03958-5

856
視力を失わない生き方
日本の眼科医療は間違いだらけ
深作秀春
世界のトップ眼科外科医、眼科界のゴッドハンドが語る日本の眼科の真実。眼の治療をめぐる日本の非常識、時代遅れを斬る！　生涯「よく見る」ための最善の治療法、生活術とは。
978-4-334-03959-2

857
売れるキャラクター戦略
〝即死〟〝ゾンビ化〟させない
いとうとしこ
愛されて長生きする、キャラクター成功法則とは？「コアラのマーチ」のCMなど人気広告の制作、運営に関わってきた第一人者による、失敗しないキャラクター戦略！
978-4-334-03960-8

858
SMAPと平成ニッポン
不安の時代のエンターテインメント
太田省一
「アイドル」を革新しながら活動を続ける国民的グループ・SMAP。「平成」という社会に受け入れられたその意味と背景とは？　今、一番読むべきエンターテインメント論！
978-4-334-03961-5

859
イ・ボミはなぜ強い？
知られざる女王たちの素顔
慎武宏
日本女子ゴルフ界を席巻し、二〇一六年度賞金女王を最後まで争ったイ・ボミ、申ジエら韓国人ゴルファーたち。彼女たちの実像とその人気の秘密を、日韓横断取材で解き明かす。
978-4-334-03962-2